Image
01

Image 01

百年來最值得珍藏的
聖經舊約圖畫史詩

內頁插圖─古斯塔夫．杜雷（Gustave Doré）
編　製─柿子文化

Image 01

百年來最值得珍藏的聖經舊約圖畫史詩：
杜雷插畫精彩重現不一樣的聖經世界

繪　　圖　古斯塔夫・杜雷（Gustave Doré）
編　　製　柿子文化
翻譯協助　林許迦恆
封面設計　玉　堂
主　　編　劉信宏
總 編 輯　林許文二

出　　版　柿子文化事業有限公司
地　　址　11677臺北市羅斯福路五段158號2樓
業務專線　（02）89314903#15
讀者專線　（02）89314903#9
傳　　真　（02）29319207
郵撥帳號　19822651柿子文化事業有限公司
投稿信箱　editor@persimmonbooks.com.tw
服務信箱　service@persimmonbooks.com.tw

業務行政　鄭淑娟・陳顯中

初版一刷　2020年11月
定　　價　新臺幣499元
I S B N　978-986-99409-4-8

國家圖書館出版品預行編目(CIP)資料

百年來最值得珍藏的聖經舊約圖畫史詩：杜雷插畫精彩重現不一樣的聖經世界 / 古斯塔夫・杜雷（Gustave Doré）繪圖；柿子文化編製. -- 一版. -- 臺北市：柿子文化, 2020.11
面；　公分. -- (Image ; 1)
ISBN 978-986-99409-4-8(平裝)

1.宗教藝術 2.聖經 3.版畫 4.畫冊

244.6　　109016636

一次與《聖經》對話的契機

穿越兩千多年的時光，《聖經》影響了世界上無以數計的人及形形色色的文化。而她的魅力依然持續，激發著更多人的靈感。回顧歷史，尤其在西方文化中，我們無法想像一個沒有《聖經》素材的繪畫、雕刻、音樂，甚至文學世界；展望未來，我們同樣無法想像《聖經》會帶給我們何等的智慧與巧思。

法國著名插畫家古斯塔夫・杜雷曾為一八四三年翻譯出版的法文聖經（La Bible de Tours）配圖，影響可謂深遠。讀者在閱讀《聖經》中耳熟能詳的敘事時，配以視覺的衝擊，所產生的印象會更加深刻強烈。如同文字形式的《聖經》詮釋，圖畫本身是以無需文字的語言詮釋《聖經》。

本書所呈現的是《聖經》中的舊約部分，其中某些敘事和畫面也許會給今日無《聖經》知識背景的人某種程度上的撞擊。但不妨以其作為一個契機或邀請，嘗試與《聖經》對話。因為兩千多年以來，這部影響世界的書恰是以這種方式不斷叩開人的心門，展開一幕幕深刻的探尋之旅。

惟願讀者在捧讀此書時，藉助插畫大師杜雷的藝術呈現，更多深入《聖經》敘事的深處，欣賞、品味、沉思《聖經》敘事所帶來的經久不衰的天外之音。

——崔寶臣神父，輔仁聖博敏神學院聖經神學助理教授

從故事中認識天主

《聖經》通常不會用理論的方式來給人類介紹天主的奧秘，反而是利用故事的方式。透過真實故事，慢慢讓特選的子民了解天主，如果人類要了解天主，只有透過講故事，才能進一步認識天主。

本書專門給我們介紹了〈舊約〉的故事，透過《聖經》的文章及古斯塔夫・杜雷的圖畫，讓我們了解天主和人類之間的關係和歷史故事。

因為《聖經》這麼重視故事，圖畫的幫助便相當重要了，能讓我們進入《聖經》的世界。

希望透過這本書，能讓很多人進入《聖經》的世界，認識天主。

——費奕峰神父，巴黎外方傳教會神父

讀文看畫，靈性昇華

自有《聖經》以來，畫家每每受到感動，就做起畫來，因為功夫到家，畫作也跟著《聖經》一起不朽。

現今的世代，看圖的人，多過於看文字的人。出版社給小孩子看的書，大多也藉由「看圖識字」的方式出版。現在網路的資訊一大堆，有短文又有圖，也成了新興吸引讀者觀覽的最佳方式。

柿子文化這兩本圖畫史詩，都有短文和插圖，可以讓讀者在圖文對閱之後，生出靈感與省思。

例如，新約圖畫史詩的第 50 頁，平靜風海的圖文，就像極了我所輔導受刑人的經歷。他們的人生能「逆轉勝」，是因在風暴（Storm）之中懂得呼求救主（Savior）耶穌，就蒙了拯救（Saved）。

但願讀者能從「天下第一大經」——《聖經》，得到啟示，並且從插畫中體會經文的真意，進而願意信靠聖經中的主角，也就是愛人類，替世人死在十字架上的耶穌，讓我們的一生，因有神的祝福與同在，靈性得以昇華。

——黃明鎮牧師，更生團契總幹事

前言：開拓新視野，看見不一樣的《聖經》

如果要提列出對人類影響最深的書籍，《聖經》絕對是其中一本。因為迄今為止，《聖經》已是世界上印刷發行量最多、最廣、翻譯語文種類最多的書籍，甚至聯合國也公認，《聖經》是對人類影響最大、最深的一本書。

這部希伯來民族文化古老經籍，之所以對全世界具備了不容忽視的影響力，主要是它記載了古代中東乃至南歐一帶，關於民族、社會、政治、軍事等多方面情況和風土人情，其中所蘊含的哲學和神學觀念，更是隨著基督教的宣揚傳播，對全世界（尤其是西方世界）社會的發展、意識形態和文化習俗帶來了巨大影響，說它是人類早期生活和思想的「文化母本」、西方「道德教育的寶庫」，一點也不為過。

然而，《聖經》不僅僅在民族、社會、政治有著莫大影響力，更在文學、美術、建築、音樂等等方面成為創作的源泉。

《聖經》本身就是一部重要的文學作品，它在歐洲文學史上絕對佔有一席不容忽視的地位，從歐洲文學史上的許多偉大作品裡，我們便可看到不少《聖經》的「影子」，如英國作家彌爾頓（John Milton）的長篇史詩《失樂園》、班揚（John Bunyan）的《天路歷程》，俄羅斯作家托爾斯泰（Leo Tolstoy）的《復活》等。甚至有人計算過，莎士比亞（William Shakespeare）的作品中有五百多個概念和用語，是直接引自《聖經》，而狄更斯（Charles Dickens）也說過：「《聖經》過去是，現在是，將來永遠都是世界上最好的一本書。」近代的 C. S. 路易斯（Clive Staples Lewis）的《納尼亞傳奇》更是受到了《聖經》的影響。

文學是如此受影響，而藉由宗教的力量，在繪畫藝術方面《聖經》的影響更是無遠弗屆。歷史上諸多的藝術家以《聖經》為題材，創作出了許多殿堂等級的藝術作品，如米開朗基羅（Michelangelo Buonarroti）根據《聖經》中的創世之說，創作出了《創造亞當》；再如德國畫家丟

勒（Albrecht Durer），他的代表作《祈禱之手》相信你印象深刻；林布蘭（Rembrandt van Rijn）的《浪子回家》，則是根據《聖經》的四福音書創作的。我們還可以找出更多和《聖經》有關的繪畫作品，它們不僅在政教上具有一定地位，在藝術教化人心方面，也豐富了很多人的精神生活。

而在所有的《聖經》藝術創作中，十九世紀古斯塔夫·杜雷的繪本《聖經》受到了極高的推崇，美國哈姆林大學（Hamline University）藝術史教授艾妲·奧達（Aida Audeh）便稱其作品為「視覺與想像力的結合」，中國大陸學界更讚譽為「史上最偉大的文圖絕配」。

杜雷從小就非常喜愛繪畫，一路從摹仿報刊上的幽默諷刺畫走上了藝術之路。他從一八五四年開始，為世界文學名著繪製木刻插圖，相繼推出《拉伯雷作品集》、《巴爾扎克短篇詼諧小說集》、《神曲》、《大型對開本聖經》、《拉封丹寓言》、《唐吉軻德》等作品，受到大眾的喜愛，在木刻版插圖領域他顯得如魚得水，悠游自在，顯現出不可多得的藝術天賦。

杜雷為《聖經》所繪製的系列插圖，最初始是為一八四三年以法文出版的《聖經》作配圖，而於一八六六年正式在巴黎首版發行法文版本，隔年隨即被譯成英文在倫敦發行出版，當時共收入插圖 229 幅。隨後幾年，各種版本陸續出現，並風靡了整個基督教世界。甚至一個多世紀後，它在許多國家仍不斷被再版重印，影響力歷久不衰。

本書以杜雷的《聖經》繪圖本為主，從中擷取收錄〈舊約〉部分，插圖共 132 幅，並依據圖像收錄《聖經》中相關故事的篇章，註明原典章節出處，並附上簡單圖畫說明，讓讀者能一窺杜雷創作的用心，進而理解《聖經》的精神。

在書中，藉由杜雷深具想像力和卓越藝術的畫作，我們走進了斑斕多姿的《聖經》世界。

無論你是否有基督教信仰，透過他的畫筆和刻刀，都將看到「肥沃月彎」的一幕幕景色，高山河流平原海洋森林，變化萬千。如果你細心一點，也許還能從中找到一個不可思議的動物天地，不只有可愛的狗、羊、牛、馬、驢等等，也有大型兇猛的獅子、熊、大象等，更有飛馬、大魚和海怪。

我們同時也走進了《聖經·舊約》中，漫步於上帝創世、以色列民族盛衰沉浮的歷史長廊，從中看到一個個風姿各異的聖經人物：亞當、夏娃、該隱、亞伯拉罕、以撒、利百加、雅各、約瑟、摩西、約書亞、基甸、參孫、路得、掃羅、大衛、所羅門、以利亞、阿摩司、以賽亞、彌迦、耶利米、巴錄、以西結、約伯、約拿、但以理、以斯拉等等。

這些隱藏在《聖經·舊約》裡的人物和故事，突然間就這麼栩栩如生的出現在眼前，這是多麼讓人驚喜的事！

杜雷的繪畫風格主要是以現實主義為主，所以他所繪的人物都散發著蓬勃的生命力，外表往往給人強健壯實、氣力過人的健康形象，就算是天使或魔鬼，也都是凡人模樣，僅僅是多了翅膀或頭上的角。

最值得一提的是，杜雷十分重視歷史真實感，所以考究了西亞北非的考古研究，並將之融入到圖畫裡。也因此，他筆下的埃及、巴比倫、波斯和以色列等王宮，無論是建築形式、廊柱、壁畫等均各具特色，令人嘆為觀止。

然而，杜雷的畫也有著浪漫主義的想像和誇張，在某些超現實情節或特殊的場景，如「雅各的夢」、「黑暗之災」、「以利亞乘著旋風升天」、「參孫之死」等畫裡，都可看到。在「參孫之死」的畫面中，倒塌的巨大樑柱，與參孫的差距形成了極為強烈的對比，這使得讀者在看到此幅圖畫時，心靈不得不為之震顫。

在構圖上，杜雷非常善於利用物體的疏密間距，以及光影的處理，將讀者的目光吸引到畫面的焦點上。而其筆法之細膩，往往讓人一看就愛上了，在一八八〇年的版本中（由塔爾伯特·錢伯斯〔Talbot W. Chambers〕所撰述），將之尊崇並視為「藝術家一生中最偉大、最偉大的插圖作品」，實在無可厚非。

以上這些，都是杜雷的《聖經》插圖之所以煥發出生命活力，獲得永恆藝術魅力價值的原因。

《聖經》的〈舊約〉在人類的歷史長流中有不容忽視的地位，其對歷史、政治、人文、藝術等的影響如本文前半所述，對於基督教本身而言，〈舊約〉仍有許多「神秘無解」之處。其實，何妨放下歷史包袱、教義說明，就單純從故事出發，或許能看見不一樣的《聖經》。本書以〈舊約〉故事為經，杜雷畫作為緯，正是期待無論是教徒或非教徒，都能由此書進入《聖經》的世界，再進一步來認識了解《聖經》。

現在，就讓我們一起攜手走入此一聖境吧！

一本完美、獨一無二的聖畫集

美國 1981 年版序文

如書名所述，這本畫冊是一本圖解聖經的版畫集合—由現代最棒的繪圖師，古斯塔夫．杜雷，全程使用鉛筆繪製而成。

至於這些版畫的原作，是由對這些畫作有極大興趣、且有能力支付並收藏的人擁有，且自從初版以來，畫冊人氣絲毫沒有降低的趨勢，甚至吸引了與此畫冊只有一面之緣、或只看過部分片段的人來購買。

然而，就整體來說，此作品集對於杜雷先生龐大的粉絲來說，仍然太貴了，因此為了滿足粉絲們極大的需求，並希望為喜愛藝術的神學院學生在課程上提供大量的參考與精美聖畫，這本書便這樣誕生了。

本書的目的是為了介紹一些大眾對聖經較有興趣的主題，如與聖經相關的重要人物或事件—也就是讀者們最熟悉不過的故事，而版畫的內容也是選自美國人普遍喜愛的故事。

每一張圖前面都有一整頁的介紹，以記敘文寫成的版畫故事內容大意。

在完成此書的過程中，除了出版社與編輯部的人員外，也有許多藝術家與學者無私的提供意見與監督過程；雖然他們對於此工作並無直接興趣或利益，但仍然非常慷慨的提供幫助，並不時的關心此書的完成進度。

此書被寄予了重大的期望，出版與編輯工作也進行得非常縝密，因此當本書出版之時，終於沒有辜負大眾的期待。

不管是對那些友善且慷慨的贊助商來說，或是希望擁有此書的讀者們，本書都將是一本完美的、獨一無二的聖畫精選集。

美國貝爾福德 - 克拉克出版公司（BELFORD-CLARKE CO., publishers.）

目錄
CONTENTS

聲明
為因應現代人的理解，能符合基督教友及大眾的閱讀需求，本書摘錄之經文，選擇以多數人所推薦的「和合本修訂版」。

士師記

路得記

撒母耳記

列王記

上帝創造光

創世記1 1-5

起初，上帝創造天地。

地是空虛混沌，深淵上面一片黑暗；上帝的靈運行在水面上。

上帝說：「要有光」，就有了光。

上帝看光是好的，於是上帝就把光和暗分開。上帝稱光為「晝」，稱暗為「夜」。有晚上，有早晨，這是第一日。

***

萬物始創，在這裏我們看到上帝行使了神蹟，在雲層之後，萬丈光芒噴射而出，乍然而現，並照亮了左方的雲層。

H. PISAN

夏娃被創造出來

創世記 2 18-23

耶和華上帝說：「那人單獨一個不好，我要為他造一個配偶幫助他。」

耶和華上帝用泥土造了野地各樣的走獸和天空各樣的飛鳥，都帶到那人面前，看他叫甚麼。那人怎樣叫各樣的動物，那就是牠的名字。那人就給一切牲畜、天空的飛鳥和野地各樣的走獸都起了名。只是亞當沒有找到配偶幫助他。

耶和華上帝使他沉睡，他就睡了；於是取下他的一根肋骨，又在原處把肉合起來。耶和華上帝就用那人身上所取的肋骨造了一個女人，帶她到那人面前。

那人說：「這正是我骨中的骨，肉中的肉，可以稱她為女人，因為她是從男人身上取出來的。」

***

上帝造了第一個男人——亞當，讓他管理伊甸園。因不願見亞當孤身一人，所以又造了夏娃來陪伴亞當。

圖中我們看到在茂密的叢林中，亞當靠著石塊沉沉而睡，在他的腳邊，長髮的夏娃扶著身邊的灌木而立，彷彿剛學會站立的樣子，而她僅僅微低著眉看向亞當。他們的身後則有光芒強而有力地照耀著，那正是創造他們的上帝。

G. Doré

驅逐出伊甸園

創世記 3　22-24

耶和華上帝說：「看哪，那人已經像我們中間的一個，知道善惡，現在恐怕他又伸手摘生命樹所出的來吃，就永遠活著。」

耶和華上帝就驅逐他出伊甸園，使他耕種土地，他原是從土地裏被取出來的。

耶和華上帝把那人趕出去，就在伊甸園東邊安設基路伯和發出火焰轉動的劍，把守生命樹的道路。

***

上帝囑咐亞當、夏娃，伊甸園中所有的果子都可任意摘取，唯獨生命樹上的果子不可以吃。兩人受蛇的引誘吃下生命樹的果子，也因此觸怒了上帝，被逐出伊甸園。

這幅插圖完成呈現了創世記第三章第二十四節所說的情節，而這種可悲的情景也常常吸引了許多藝術家的筆來表現。這第一對男女的景況是如此的悲慘，他們手拉著手，腳步飄忽，在伊甸園中緩慢步行而出，走上了他們獨行的路。

G. Doré
H. PISAN.

該隱的忌妒

創世記 4　1-7

那人和他妻子夏娃同房，夏娃就懷孕，生了該隱　，她說：「我靠耶和華得了一個男的。」

她又生了該隱的弟弟亞伯。亞伯是牧羊的；該隱是耕地的。

過了一些日子，該隱拿地裏的出產為供物獻給耶和華；亞伯也把他羊群中頭生的和羊的脂肪獻上。

耶和華看中了亞伯和他的供物，卻看不中該隱和他的供物。該隱就非常生氣，沉下臉來。

耶和華對該隱說：「你為甚麼生氣呢？你為甚麼沉下臉來呢？你若做得對，豈不仰起頭來嗎？你若做得不對，罪就伏在門前。它想要控制你，你卻要制伏它。」

***

這是一幅強烈的對照圖，近處的該隱與遠處的亞伯，他們都正在向耶和華獻上供品，供品必須以火焚燒獻祭，燃燒的煙則代表了上帝悦納與否。

畫面中，我們可以看到遠處亞伯所獻的祭物愈燒愈旺，煙霧冉冉直升而上，而近處該隱焚燒的祭物卻即將熄滅，燒燃的煙霧也滾滾而下。轉頭看向亞伯的該隱，想來心中必有疑惑、不安，以及憤怒。

G. Doré

亞伯謀殺案

創世記 4　8-15

該隱與他弟弟亞伯說話。二人正在田間，該隱起來攻擊他弟弟亞伯，把他殺了。

耶和華對該隱說：「你弟弟亞伯在哪裏？」他說：「我不知道！我豈是看守我弟弟的嗎？」

耶和華說：「你做了甚麼事呢？你弟弟血的聲音從地裏向我哀號。現在你必從這地受詛咒，這地開了口，從你手裏接受你弟弟的血。你耕種土地，它不再給你效力；你必流離飄蕩在地上。」

該隱對耶和華說：「我的懲罰太重，過於我所能承當的。看哪，今日你趕我離開這塊土地，不能見你的面；我必流離飄蕩在地上，凡遇見我的必殺我。」

耶和華對他說：「既然如此 ，凡殺該隱的，必遭報七倍。」耶和華就給該隱立一個記號，免得人遇見他就殺他。

***

畫家選擇了事件發生的那個時間點，我們可以看到該隱殺人後的景況，當他看見眼前既成的事實時，他的態度和面容看似反而流露出一種悔恨。

G. Doré
H. PISAN.

降雨四十晝夜

創世記 7 1-16

耶和華對挪亞說：「你和你的全家都要進入方舟，因為在這世代中，我看你在我面前是個義人。凡潔淨的牲畜，你要各取七公七母；不潔淨的牲畜，你要各取一公一母；天空的飛鳥也要各取七公七母，為了要留種，活在全地面上。因為再過七天，我要降雨在地上四十晝夜，把我所造的一切生物從地面上除滅。」挪亞就遵照耶和華吩咐他的去做。

當洪水在地上氾濫的時候，挪亞已六百歲。挪亞同他的兒子、妻子和媳婦都進入方舟，躲避洪水。潔淨的牲畜和不潔淨的牲畜，飛鳥及所有爬行在土地上的，都一對一對，有公有母，到挪亞那裏，進入方舟，正如上帝所吩咐挪亞的。過了七天，洪水氾濫在地上。

挪亞六百歲那一年的二月十七日，就在那一天，大深淵的泉源都裂開，天上的窗戶也敞開了，四十晝夜有大雨降在地上。正在那日，挪亞和他的兒子閃、含、雅弗，以及挪亞的妻子和三個媳婦，都一同進入方舟。他們和一切走獸，各從其類；一切牲畜，各從其類；地上爬的一切爬行動物，各從其類；一切的鳥，就是一切有翅膀的飛禽，各從其類；凡有生命氣息的血肉之軀，都一對一對到挪亞那裏，進入方舟。凡有血肉的，都一公一母進入方舟，正如上帝所吩咐挪亞的。耶和華就把他關在方舟裏。

***

亞當與夏娃的後裔在世上漸增，地上的罪惡也愈來愈多。上帝見人類終日思想的都是惡事，遂開始後悔造人，打算用洪水除滅一切活物。上帝囑咐義人——挪亞——建造方舟，將各樣物種按一公一母帶進方舟內，以確保物種的延續。

插圖描繪了洪水來臨的場景，人獸都掙扎著要往高處攀爬，混亂、擠壓、排斥，落水的奮力求生，彷彿是一人間地獄景象，而右方水面遠處，隱約可見方舟身影穩穩而立。

G.Doré

洪水氾濫

創世記 7　17-24

洪水在地上氾濫四十天，水往上漲，使方舟浮起，方舟就從地上漂起來。水勢洶湧，在地上大大上漲，方舟在水面上漂蕩。

水勢在地上極其浩大，普天下所有的高山都被淹沒了。水勢洶湧，比山高出十五肘 ，山嶺都淹沒了。

凡有血肉在地上行動的，就是飛鳥、牲畜、走獸和地上成群的群聚動物，以及所有的人，都死了。在乾地上凡鼻孔裏有生命氣息的都死了。

耶和華除滅了地面上各類的生物，包括人和牲畜、爬行動物，以及天空的飛鳥；他們就都從地上除滅了，只剩下挪亞和那些與他同在方舟裏的。

水勢洶湧，在地上共一百五十天。

***

挪亞按照上帝的吩咐建好了方舟，之後大雨降下，他帶著妻子、三個兒子及媳婦登上方舟避難。

這幅圖闡述了人們既墮落又可悲的後果。這是許多悲劇的一個樣本，人與獸的生命都在洶湧的洪水中尋求避難，但所有自我保護的努力都在這場浩劫中被吞噬。然而，畫家在此又藉由人與獸搶救幼子的行為，強調了親情的偉大。

PANNEMAKER.

洪水消退

創世記 8 1-12

上帝記念挪亞和挪亞方舟裏的一切走獸牲畜。上帝使風吹地，水勢漸落。

深淵的泉源和天上的窗戶都關閉了，雨不再從天降下。水從地上逐漸消退。過了一百五十天，水就退了。

七月十七日，方舟停在亞拉臘山上。水繼續退去，直到十月；十月初一，山頂都露出來了。

過了四十天，挪亞打開他所造的方舟的窗戶，放出一隻烏鴉。那烏鴉飛來飛去，直到地上的水都乾了。他又從他那裏放出一隻鴿子，要看水從地面上退了沒有。但全地面都是水，鴿子找不到落腳之地，就回到方舟挪亞那裏。挪亞伸手接了鴿子，把牠帶進方舟。

挪亞又另外等了七天，再把鴿子從方舟放出去。到了晚上，鴿子回到他那裏，看哪，嘴裏有一片剛啄下來的橄欖葉，挪亞就知道水已經從地上退了。

他又另外等了七天，再放出鴿子，這次鴿子不再回到他那裏了。

***

停佇於山頭的方舟，背景天空有光彩呈現，地上的水汩汩向下處流去，一隻飛鳥正背離方舟而飛。水已退，但所見滿目瘡痍，屍體遍佈，慘不忍睹。

挪亞和他的兒子們

創世記 9　18-27

挪亞的兒子，從方舟出來的，有閃、含和雅弗。含是迦南的父親。這是挪亞的三個兒子，他們的後裔散佈全地。

挪亞是農夫，是他開始栽葡萄園的。他喝了一些酒就醉了，在他的帳棚裏赤著身子。迦南的父親含看見他父親赤身，就到外面告訴他的兩個兄弟。於是閃和雅弗拿了外衣搭在二人肩上，倒退著進去，遮蓋父親的赤身；他們背著臉，看不見父親的赤身。

挪亞酒醒以後，知道小兒子向他所做的事，就說：「迦南當受詛咒，必給他弟兄作奴僕的奴僕。」

又說：「耶和華—閃的上帝是應當稱頌的！願迦南作閃的奴僕。願上帝使雅弗擴張，願他住在閃的帳棚裏；願迦南作他的奴僕。」

***

挪亞酒醉後失態，身為兒子的含目睹了父親喝醉、赤裸著身體，非但沒有上前去照顧，反而四處宣揚父親的醜態，因此招來了挪亞的詛咒。

插圖的整體形勢，企圖要表達《聖經》所闡述的預言性話語成為可能。畫面中諾亞舉起手臂，皺著眉頭，嚴肅地宣告，如此生動地描繪了對含的詛咒。

G. Doré
BERTRAND. Sc

巴別塔

創世記 11 1-9

那時，全地只有一種語言，都說一樣的話。他們向東遷移的時候，在示拿地找到一片平原，就住在那裏。

他們彼此商量說：「來，讓我們來做磚，把磚燒透了。」他們就拿磚當石頭，又拿柏油當泥漿。他們說：「來，讓我們建造一座城和一座塔，塔頂通天。我們要為自己立名，免得我們分散在全地面上。」

耶和華降臨，要看世人所建造的城和塔。耶和華說：「看哪，他們成了同一個民族，都有一樣的語言。這只是他們開始做的事，現在他們想要做的任何事，就沒有甚麼可攔阻他們了。來，我們下去，在那裏變亂他們的語言，使他們彼此的語言不通。」

於是耶和華使他們從那裏分散在全地面上；他們就停止建造那城了。因為耶和華在那裏變亂了全地的語言，把人從那裏分散在全地面上，所以那城名叫巴別。

***

挪亞的後代在世上逐漸壯大起來，他們開始生出驕傲，再次像祖先亞當和夏娃一樣，想誇耀自己的能力，跟上帝比肩。他們彼此商議，要造一座通天的塔，來傳揚自己的名。

圖中所示的建築，是在已知的底格里斯河和幼發拉底河地區常見的公共建築類型的基礎上改造而成的，因此這不僅僅是一幅精美的素描，而是有所憑依的圖畫。畫面中疏離和分裂的悲慘場景，則充分展現了人們如何成為彼此的陌生人和敵人概況。

亞伯蘭遷往迦南

創世記 12 1-5

耶和華對亞伯蘭說：「你要離開本地、本族、父家，往我所要指示你的地去。我必使你成為大國，我必賜福給你，使你的名為大；你要使別人得福。為你祝福的，我必賜福給他；詛咒你的，我必詛咒他。地上的萬族都必因你得福。」

亞伯蘭就遵照耶和華的吩咐去了；羅得也和他同去。亞伯蘭離開哈蘭的時候年七十五歲。

亞伯蘭帶著他妻子撒萊和姪兒羅得，以及他們在哈蘭積蓄的財物、獲得的人口，往迦南地去。他們就來到了迦南地。

***

自洪水除滅地上所有活物後，人類藉著挪亞一脈再次壯大起來，卻也再次重蹈覆轍，盈滿罪惡。亞伯蘭是閃的後代，原本居住在充滿罪行的吾珥，上帝呼召他遷往迦南居住，承諾將使亞伯蘭一脈成為大國。

這是一場重大的遷徙活動，亞伯蘭帶領親族舉家遷移。圖中有大批的牲畜及趕牧的人，我們可以看到這個移動的族群正緩緩地向遠方而去，最近處騎在駱駝上的人正回首而望，好像在回顧舊時地。

H. PISAN

亞伯拉罕招待三位陌生人

創世記 18 1-8

耶和華在幔利橡樹那裏向亞伯拉罕顯現。

天正熱的時候，亞伯拉罕坐在帳棚門口。他舉目觀看，看哪，有三個人站在他附近。他一看見，就從帳棚門口跑去迎接他們，俯伏在地，說：「我主，我若在你眼前蒙恩，請不要離開你的僕人走過去。容我拿點水來，請你們洗腳，在樹下休息。既然你們來到僕人這裏了，我再拿點餅來，讓你們恢復心力，然後再走。」他們說：「就照你說的去做吧。」

亞伯拉罕急忙進帳棚到撒拉那裏，說：「你趕快拿三細亞細麵，揉麵做餅。」亞伯拉罕又跑到牛群裏，牽了一頭又嫩又好的牛犢來，交給僕人，僕人就急忙去預備。亞伯拉罕取了乳酪和奶，以及預備好了的牛犢來，擺在他們面前，自己在樹下站在旁邊，他們就吃了。

***

亞伯蘭一直到九十九歲還未有子嗣，上帝向亞伯蘭顯現：「從此以後，你的名不再叫亞伯蘭，要叫亞伯拉罕，因為我已立你作多國的父。」上帝將他的妻子改名撒拉，意為多國之母。

這幅圖是上帝向亞伯拉罕所作的眾多表現中最引人注目的一個的開場場景，以接續後面上帝將預告給亞伯拉罕的事。在此圖中，畫家把亞伯拉罕的來訪者描繪成長著翅膀的天使，有些人或許覺得這是畫家對故事的誤解，但這也可能是畫家想具體呈現事實的緣故。

所多瑪的毀滅

創世記 19 15-28

天亮了，天使催逼羅得說：「起來！帶著你的妻子和你這裏的兩個女兒出去，免得你因這城的罪孽同被剿滅。」但羅得遲延不走。

二人因為耶和華憐憫羅得，就拉著他的手和他妻子的手，以及他兩個女兒的手，把他們領出來，安置在城外；領他們出來以後，就說：「逃命吧！不可回頭看，也不可在平原站住。要往山上逃跑，免得你被剿滅。」

羅得對他們說：「我主啊，不要這樣！看哪，你僕人已經在你眼前蒙恩，你又向我大施慈愛，救我的性命。但是我不能逃到山上去，恐怕這災禍追上我，我就死了。看哪，這城又近又小，比較容易逃到那裏。這不是一座小城嗎？求你容我逃到那裏，使我的性命可以存活。」

天使對他說：「看哪，這事我也應允你，不傾覆你所說的這城。你要趕快逃到那城，因為你還沒有到那裏，我不能做甚麼。」因此那城名叫瑣珥 。

羅得到了瑣珥，太陽已經升出地面。

當時，耶和華把硫磺與火，從天上耶和華那裏降與所多瑪和蛾摩拉，把那些城和全平原，城裏所有的居民和土地上生長的，都毀滅了。羅得的妻子在他後邊回頭一看，就變成了一根鹽柱。

亞伯拉罕清早起來，到了他先前站在耶和華面前的地方，面向所多瑪和蛾摩拉，以及平原全地觀望。他觀看，看哪，那地有濃煙上騰，好像燒窯的濃煙。

***

所多瑪是座充滿罪惡的城，男女老少都活在敗壞中。上帝決心毀滅所多瑪，亞伯拉罕替那城求情，上帝答應：「就算城中只有十個義人，我也會為了那十人不滅所多瑪。」可是城中義人唯獨羅得一家。天使警告羅得趕緊上山避難，逃難時切不可回頭看。

畫家描繪了羅得偕同妻子與兩個女兒的逃難經過。遠方的索多瑪與蛾摩拉已然煙火漫騰，羅得在兩位女兒的攙扶下，顯得驚惶不安，而他的妻子不顧天使的警告，回頭看望了過往的居地一眼，瞬間即變成白皙的鹽柱雕像。

G. Doré
H. PISAN

夏甲被逐

創世記 21 1-14

耶和華照著他所說的眷顧撒拉，耶和華實現了他對撒拉的應許。亞伯拉罕年老，到上帝對他說的那所定的時候，撒拉懷了孕，給他生了一個兒子。亞伯拉罕給撒拉所生的兒子起名叫以撒。

以撒出生後第八日，亞伯拉罕遵照上帝所吩咐的，為以撒行割禮。他兒子以撒出生的時候，亞伯拉罕年一百歲。

撒拉說：「上帝使我歡笑，凡聽見的人必與我一同歡笑。」又說：「誰能預先對亞伯拉罕說，撒拉要乳養孩子呢？因為在他年老的時候，我為他生了一個兒子。」

孩子漸漸長大，就斷了奶。以撒斷奶的那一天，亞伯拉罕擺設豐盛的宴席。那時，撒拉看見埃及人夏甲為亞伯拉罕所生的兒子戲笑，就對亞伯拉罕說：「你把這使女和她兒子趕出去！因為這使女的兒子不可與我的兒子以撒一同承受產業。」

亞伯拉罕為這事非常憂愁，因為關乎他的兒子。上帝對亞伯拉罕說：「你不必為這孩子和你的使女憂愁。撒拉對你說的話，你都要聽從；因為從以撒生的，才要稱為你的後裔。至於使女的兒子，我也必使他成為一國，因為他是你的後裔。」

亞伯拉罕清早起來，拿餅和一皮袋水，給了夏甲，搭在她肩上，把她和孩子一起送走。夏甲就走了，但她卻在別是巴的曠野流浪。

***

上帝許諾亞伯拉罕的後裔將如天邊的星一樣繁多，撒拉眼看自己年紀老邁卻不曾有孕，於是自作主張把自己的使女夏甲許給亞伯拉罕做妾。順利懷孕的夏甲開始輕視撒拉，為亞伯拉罕一家埋下紛爭的種子。

這裏畫家所要表現的是亞伯拉罕的痛心驅逐，畢竟夏甲的兒子也是他的親生孩子。亞伯拉罕面容無奈，但舉起的手是堅定的，因為他有神對他的保證，而這樣的作為對這個家、對孩子都好，此畫所要表現的精神和力量正是在此。

G.Doré

曠野中的夏甲

創世記 21　15-21

皮袋的水用完了，夏甲就把孩子放在一棵小樹下，自己走開約有一箭之遠，相對而坐，說：「我不忍心看見孩子死。」她就坐在對面，放聲大哭。

上帝聽見孩子的聲音，上帝的使者就從天上呼叫夏甲說：「夏甲，你為何這樣呢？不要害怕，上帝已經聽見孩子在那裏的聲音了。起來！把孩子扶起來，用你的手握住他，因我必使他成為大國。」上帝開了夏甲的眼睛，她就看見一口水井。她就去，把皮袋裝滿了水，給孩子喝。

上帝與這孩子同在，他就漸漸長大，住在曠野，成了一個弓箭手。他住在巴蘭的曠野；他母親從埃及地為他娶了一個妻子。

***

面對困境及孩子的危急狀況，這樣的情況是非常感人的，也因此吸引了畫家的注意。這裏的插圖雖然並沒有忠實於聖經所敘述的細節，但它很好地表達了母親的痛苦，這是這幅畫最顯著的特點。

亞伯拉罕信仰的考驗

創世記 22 1-18

這些事以後，上帝考驗亞伯拉罕，對他說：「亞伯拉罕！」他說：「我在這裏。」

上帝說：「你要帶你的兒子，就是你所愛的獨子以撒，往摩利亞地去，在我指示你的一座山上，把他獻為燔祭。」亞伯拉罕清早起來，預備了驢，帶著跟他一起的兩個僕人和他兒子以撒，劈好了燔祭的柴，就起身往上帝指示他的地方去了。到了第三日，亞伯拉罕舉目遙望那地方。亞伯拉罕對他的僕人說：「你們和驢留在這裏，我和孩子要去那裏敬拜，然後回到你們這裏來。」亞伯拉罕把燔祭的柴放在他兒子以撒身上，自己手裏拿著火與刀；於是二人同行。

以撒對他父親亞伯拉罕說：「我父啊！」亞伯拉罕說：「我兒，我在這裏。」以撒說：「看哪，火與柴都有了，但燔祭的羔羊在哪裏呢？」亞伯拉罕說：「我兒，上帝必自己預備燔祭的羔羊。」於是二人同行。

他們到了上帝指示他的地方，亞伯拉罕在那裏築壇，把柴擺好，綁了他兒子以撒，放在壇的柴上。亞伯拉罕就伸手拿刀，要殺他的兒子。耶和華的使者從天上呼喚他說：「亞伯拉罕！亞伯拉罕！」他說：「我在這裏。」天使說：「不可在這孩子身上下手！一點也不可傷害他！現在我知道你是敬畏上帝的人了，因為你沒有把你的兒子，就是你的獨子，留下不給我。」亞伯拉罕舉目觀看，看哪，一隻公綿羊兩角纏在灌木叢中。亞伯拉罕就去牽了那隻公綿羊，獻為燔祭，代替他的兒子。亞伯拉罕給那地方起名叫「耶和華以勒」。直到今日人還說：「在耶和華的山上必有預備。」

耶和華的使者第二次從天上呼喚亞伯拉罕，說：「耶和華說：『你既行了這事，沒有留下你的兒子，就是你的獨子，我指著自己起誓：我必多多賜福給你，我必使你的後裔大大增多，如同天上的星、海邊的沙。你的後裔必得仇敵的城門，並且地上的萬國都必因你的後裔得福，因為你聽從了我的話。』」

***

畫裏呈現的是亞伯拉罕與兒子以薩前往山上燔祭路途中的景象，是創世紀二十二章六至八節的場景。以薩不知自己就是祭品，肩負著材薪往上山的路走去，而亞伯拉罕僅僅回首觀望，雖然是摯愛的兒子，但對於神的指示他是毫不遲疑的。

撒拉的葬禮

創世記 23 1-20

撒拉享壽一百二十七歲，這是撒拉一生的歲數。撒拉死在迦南地的基列．亞巴，就是希伯崙。

亞伯拉罕來哀悼撒拉，為她哭泣。然後，亞伯拉罕起來，離開死人面前，對赫人說：「我在你們中間是外人，是寄居的。請給我你們那裏的一塊墳地，我好埋葬我的亡妻，使她不在我的面前。」

赫人回答亞伯拉罕說：「我主請聽。你在我們中間是一位尊貴的王子，只管在我們最好的墳地裏埋葬你的死人；我們沒有一人會拒絕你在他的墳地裏埋葬你的死人。」於是，亞伯拉罕起來，向當地的百姓赫人下拜，對他們說：「你們若願意讓我埋葬我的亡妻，使她不在我面前，就請聽我，為我求瑣轄的兒子以弗崙，把他田地盡頭的麥比拉洞賣給我。他可以按照足價賣給我，作為我在你們中間的墳地。」

那時，以弗崙正坐在赫人中間。赫人以弗崙就回答亞伯拉罕，說給所有出入城門的赫人聽：「不，我主請聽。我要把這塊田送給你，連田間的洞也送給你，在我同族的人眼前都給你，讓你埋葬你的死人。」亞伯拉罕就在當地的百姓面前下拜，對以弗崙說，也給當地百姓聽：「你若應允，請你聽我。我要把田的價錢給你，請你收下，我就在那裏埋葬我的死人。」以弗崙回答亞伯拉罕說：「我主請聽。四百舍客勒銀子的地，在你我中間算甚麼呢？只管埋葬你的死人吧！」亞伯拉罕聽從了以弗崙。亞伯拉罕就照著他說給赫人聽的，把買賣通用的銀子，秤了四百舍客勒銀子給以弗崙。

於是，以弗崙把那塊位於幔利對面的麥比拉田，和其中的洞，以及田間周圍的樹木都成交了，在所有出入城門的赫人眼前，賣給亞伯拉罕作為他的產業。後來，亞伯拉罕把他妻子撒拉安葬在迦南地幔利對面的麥比拉田間的洞裏，幔利就是希伯崙。從此，那塊田和田間的洞就從赫人移交給亞伯拉罕作墳地的產業。

***

撒拉去世之後，亞伯拉罕為了埋葬妻子找上了赫人的王——以弗倫，請求他同意將妻子撒拉埋葬在他的國土內。亞伯拉罕拒絕了以弗倫的饋贈，以四百舍克勒的銀子買下了那地。

這幅插圖很有品味，描繪的是亞伯拉罕在葬禮儀式結束後被帶離山洞，然後再一次帶著熱切而悲傷的目光，轉向埋葬他心愛妻子的地方。

G. Doré
H. PISAN

討水喝的以利以謝

創世記 24 10-28

那僕人從他主人的駱駝中取了十匹駱駝，他手中也帶著他主人各樣的貴重物品離開，起身往美索不達米亞去，到了拿鶴的城。

傍晚時，眾女子出來打水，他就讓駱駝跪在城外的水井旁。他說：「耶和華—我主人亞伯拉罕的上帝啊，求你施恩給我的主人亞伯拉罕，讓我今日就遇見吧！看哪，我站在井旁，城內居民的女子們正出來打水。我向哪一個少女說：『請你放下水瓶來，給我水喝』，她若說：『請喝！我也給你的駱駝喝』，願她作你所選定給你僕人以撒的妻。這樣，我就知道你施恩給我的主人了。」

話還沒說完，看哪，利百加肩頭上扛著水瓶出來。利百加是彼土利所生的；彼土利是亞伯拉罕的兄弟拿鶴妻子密迦的兒子。那少女容貌極其美麗，是未曾與人親近的童女。她下到井旁，打滿了瓶子的水，就上來。僕人跑上前去迎著她，說：「請你讓我喝你瓶子裏的一點水。」少女說：「我主請喝！」就急忙拿下瓶子托在手上，給他喝水。那少女給他喝足了，又說：「我也為你的駱駝打水，直到駱駝喝足了。」她就急忙把瓶子裏的水倒在槽裏，又跑到井旁打水，為所有的駱駝打了水。那人定睛看著少女，一句話也不說，要知道耶和華是否使他的道路亨通。

駱駝喝足了，那人就拿出一個比加重的金環，一對十舍客勒重的金手鐲，說：「請告訴我，你是誰的女兒？你父親家裏有沒有地方可以讓我們過夜？」少女說：「我是密迦為拿鶴生的兒子彼土利的女兒。」又說：「我們家裏有充足的乾草和飼料，也有住宿的地方。」那人就低頭向耶和華敬拜，說：「耶和華—我主人亞伯拉罕的上帝是應當稱頌的，因他不斷以慈愛信實待我主人。至於我，耶和華一路引領我，直到我主人的兄弟家裏。」

那少女跑去，把這些話告訴她母親家裏的人。

***

亞伯拉罕年老時憂心起以撒的婚事，他不希望兒子娶信仰不同的外邦女子為妻，於是囑咐僕人以利以謝離開迦南地，去亞伯拉罕的本族那裏，為以撒挑選合適的女子為妻。

圖中所示的是疲累又忠誠的管家以利以謝就坐在水井旁邊，而駱駝在遠處，美麗的利百加則手拿水瓶，慈善地對待老人。

G. Doré
Piaud

以撒與利百加相會

創世記 24 50-67

拉班和彼土利回答說：「這事既然出於耶和華，我們不能向你說好說歹。看哪，利百加就在你面前，可以將她帶去，遵照耶和華所說的，給你主人的兒子為妻。」

亞伯拉罕的僕人聽見他們這些話，就向耶和華俯伏在地。僕人拿出金器、銀器和衣服送給利百加，又將貴重的物品送給她哥哥和她母親。然後，僕人和隨從的人才吃喝，並且住了一夜。

早晨起來，僕人說：「請讓我回我主人那裏去吧。」利百加的哥哥和母親說：「讓她同我們再住幾天，也許十天，然後她可以去。」僕人對他們說：「耶和華既然使我道路亨通，你們就不要耽誤我，請讓我走，回我主人那裏去吧！」他們說：「我們把她叫來問問她。」他們就叫了利百加來，對她說：「你和這人同去嗎？」她說：「我去。」於是他們送他們的妹妹利百加和她的奶媽，同亞伯拉罕的僕人，以及隨從他的人走了。

他們就為利百加祝福，對她說：「我們的妹妹啊，願你作千萬人的母親！願你的後裔得著仇敵的城門！」

利百加和她的女僕們起來，騎上駱駝，跟著那人去。僕人就帶著利百加走了。

那時，以撒住在尼革夫。他剛從庇耳・拉海・萊回來。傍晚時，以撒出來，到田間默想。他舉目一看，看哪，來了一隊駱駝。利百加舉目看見以撒，就急忙下了駱駝，對那僕人說：「這從田間走來迎接我們的人是誰？」僕人說：「他是我的主人。」利百加就拿面紗蓋住自己。僕人把他所做的一切事都告訴以撒。以撒就領利百加進了母親撒拉的帳棚，娶了她為妻，並且愛她。以撒自從母親離世以後，這才得了安慰。

***

利百加回家後，將自己在井邊的遭遇告訴家中的人，她的哥哥拉班趕緊跑去井邊邀請以利以謝回家歇息。聽完以利以謝的說明，拉班明白亞伯拉罕一家是蒙神賜福之人，便放心地送利百加離開。

畫家在此幅插圖中另闢了與故事不同的場景，這裏所見的是，在眾人圍觀中，以撒親自迎接利百加的到來，他伸出了左手，承接著正準備下駱駝的利百加的腳。

以撒祝福雅各

創世記 27 1-29

以撒年老，眼睛昏花，不能看見，就叫他大兒子以掃來，對他說：「我兒。」以掃對他說：「我在這裏。」他說：「看哪，我老了，不知道哪一天死。現在拿你打獵的工具，就是箭囊和弓，到田野去為我打獵，照我所愛的做成美味，拿來給我吃，好讓我在未死之前為你祝福。」

以撒對他兒子以掃說話的時候，利百加聽見了。以掃往田野去打獵，要把獵物帶回來。利百加就對她兒子雅各說：「看哪，我聽見你父親對你哥哥以掃所說的。現在，我兒，你要聽我的話，照我所吩咐你的，到羊群裏去，從那裏牽兩隻肥美的小山羊來給我，我就照你父親所愛的，把牠們做成美味給他。然後，你拿到你父親那裏給他吃，好讓他在未死之前為你祝福。」雅各對他母親利百加說：「看哪，我哥哥以掃渾身都有毛，我身上卻是光滑的；倘若父親摸著我，我在他眼中就是騙子了。這樣，我就自招詛咒，而不是祝福。」他母親對他說：「我兒，你所受的詛咒臨到我身上吧！你只管聽我的話，去牽小山羊來給我。」他就去牽來，交給他母親。他母親就照他父親所愛的，做成美味。利百加把大兒子以掃在家裏最好的衣服給她小兒子雅各穿，又用小山羊的皮包在雅各的手上和頸項光滑的地方，就把所做的美味和餅交在她兒子雅各的手裏。

雅各來到他父親那裏，說：「我的父親！」他說：「我在這裏。我兒，你是誰？」雅各對他父親說：「我是你的長子以掃。我已照你吩咐我的做了。請起來坐著，吃我的野味，你好為我祝福。」以撒對他兒子說：「我兒，你怎麼這樣快就找到了呢？」他說：「因為這是耶和華—你的上帝使我遇見的。」以撒對雅各說：「我兒，靠近一點，讓我摸摸你，你真的是我的兒子以掃嗎？」雅各就靠近他父親以撒。以撒摸著他，說：「聲音是雅各的聲音，手卻是以掃的手。」以撒認不出他來，因為他手上有毛，像他哥哥以掃的手一樣。以撒說：「你真的是我兒子以掃嗎？」他說：「我是。」以撒說：「拿給我，讓我吃我兒子的野味，我好為你祝福。」雅各拿給他，他就吃了，又拿酒給他，他也喝了。他父親以撒對他說：「我兒，靠近一點來親我！」他就近前親吻父親。他父親一聞他衣服上的香氣，就為他祝福，說：「看，我兒的香氣好像耶和華賜福之田地的香氣。願上帝賜你天上的甘露，地上的肥土，和豐富的五穀新酒。願萬民事奉你，萬族向你下拜。願你作你弟兄的主，你母親的兒子向你下拜。詛咒你的，願他受詛咒；祝福你的，願他蒙祝福。」

***

利百加嫁給以撒後，懷了雙生子，孩子還在她的腹中時便彼此相爭，雅各在母腹時，便展現出事事與人競爭的個性：雅各出生時雙手還緊抓著以掃的腳跟，因此被起名為雅各（就是抓住的意思）。圖中描繪的是衰老目盲的以薩為兒子雅各祝福的畫面，而畫中的女子是利百加，她正焦急地望向別處，生怕以掃在以撒施完祝福之前回來。

G. Doré

雅各的夢

創世記 28 10-22

雅各離開別是巴，往哈蘭去。到了一個地方，因為已經日落，就在那裏過夜。他拾起那地方的一塊石頭枕在頭下，就躺在那地方。

他做夢，看哪，一個梯子立在地上，梯子的頂端直伸到天；看哪，上帝的使者在梯子上，上去下來。看哪，耶和華站在梯子上面，說：「我是耶和華—你祖父亞伯拉罕的上帝，以撒的上帝。你現在躺臥之地，我要將它賜給你和你的後裔。你的後裔必像地上的塵沙，必向東西南北開展；地上萬族必因你和你的後裔得福。看哪，我必與你同在，無論你往哪裏去，我必保佑你，領你歸回這地。我總不離棄你，直到我實現了對你所說的話。」

雅各睡醒了，說：「耶和華真的在這裏，我竟不知道！」他就懼怕，說：「這地方何等可畏！這不是別的，是上帝的殿，是天的門。」

雅各清早起來，拿起枕在頭下的石頭，立作柱子，澆油在上面。他給那地方起名叫伯特利；那地方原先名叫路斯。雅各許願說：「上帝若與我同在，在我所行的路上保佑我，給我食物吃，衣服穿，使我平平安安回到我父親的家，我就必以耶和華為我的上帝。我所立為柱子的這塊石頭必作上帝的殿；凡你所賜給我的，我必將十分之一獻給你。」

***

以掃因雅各搶了他的祝福，就怨恨雅各，決意等到父親居喪的時候，找機會殺害雅各。利百加得知此事，吩咐雅各去舅舅拉班家中暫居，直到以掃氣消。

圖的左下方，雅各傍著石頭沉沉而睡，右方似乎別出另一世界，呈現著雅各的夢境，階梯順級而上，直至高高在上的上帝，階梯兩旁列著眾天使，近處天使多看向沉睡的雅各，上帝也正看著雅各。

雅各看守拉班的羊圈

創世記 29 9-30

雅各正和他們說話的時候，拉結和她父親的羊來了，因為她是牧羊的。雅各看見他舅父拉班的女兒拉結和舅父拉班的羊群，就上前把石頭移開井口，取水給舅父拉班的羊喝。雅各親了拉結，就放聲大哭。雅各告訴拉結，自己是她父親的親戚，是利百加的兒子。拉結就跑去告訴她父親。

拉班聽見外甥雅各的消息，就跑去迎接他，抱著他，親他，帶他到自己的家。雅各把這一切的事告訴拉班。拉班對他說：「你實在是我的骨肉。」雅各就和他同住了一個月。

拉班對雅各說：「雖然你是我的親戚，怎麼可以讓你白白服事我呢？告訴我，你要甚麼作工資呢？」拉班有兩個女兒，大的名叫利亞，小的名叫拉結。利亞的雙眼無神，拉結卻長得美貌秀麗。

雅各愛拉結，就說：「我願為你的小女兒拉結服事你七年。」拉班說：「我把她給你，勝過給別人，你與我同住吧！」雅各就為拉結服事了七年；他因為愛拉結，就看這七年如同幾天。

雅各對拉班說：「日期已經滿了，請把我的妻子給我，我好與她同房。」拉班就擺設宴席，請了當地所有的人。到了晚上，拉班帶女兒利亞來送給雅各，雅各就與她同房。拉班也把自己的婢女悉帕給女兒利亞作婢女。

到了早晨，看哪，她是利亞，雅各對拉班說：「你向我做的是甚麼事呢？我服事你，不是為拉結嗎？你為甚麼欺騙我呢？」拉班說：「大女兒還沒有給人就先把小女兒給人，我們這地方沒有這樣的規矩。你先為這個滿了七日，我們就把那個也給你，不過你要另外再服事我七年。」

雅各就這樣做了。滿了利亞的七日，拉班就把女兒拉結給雅各為妻。拉班又把自己的婢女辟拉給女兒拉結作婢女。雅各也與拉結同房，並且愛拉結勝過愛利亞，於是他又服事了拉班七年。

***

雅各動身前去投靠拉班，他到了東方之地，向牧人打探拉班的消息。說話之間，拉結帶著父親拉班的羊來到井邊，於是開啟了雅各娶拉結為妻的故事。

這幅插圖描繪的是雅各為贏得美麗而受人喜愛的拉結所做的服務。他坐在羊群之中，而她站在井邊，剛剛從井裏裝滿了水。

G. Doré
PANNEMAKER-DOMS. Sc.

雅各的祈禱

創世記 32 3-12

雅各派使者在他前面到西珥地，就是以東地他哥哥以掃那裏。

他吩咐他們說：「你們要對我主以掃說：『你的僕人雅各這樣說：我在拉班那裏寄居，延遲到如今。我有牛、驢、羊群、奴僕、婢女，現在派人來報告我主，為了要在你眼前蒙恩。』」

使者回到雅各那裏，說：「我們到了你哥哥以掃那裏。他正迎著你來，並且有四百人和他一起。」

雅各就很懼怕，而且愁煩。他把跟他同行的人和羊群、牛群、駱駝分成兩隊，說：「以掃若來擊殺其中一隊，剩下的另一隊還可以逃脫。」

雅各說：「耶和華—我祖父亞伯拉罕的上帝，我父親以撒的上帝啊，你曾對我說：『回你本地本族去，我要厚待你。』你向僕人所施的一切慈愛和信實，我一點也不配得。我先前只用我的一根杖過這約旦河，如今我卻成了兩隊。求你救我脫離我哥哥的手，脫離以掃的手，因為我怕他來殺我，連母親和兒女都不放過。你曾說：『我必定厚待你，使你的後裔如同海邊的沙，多得不可勝數。』」

***

雅各的產業愈發興旺，因此招來拉班的忌妒，雅各見拉班待自己不若從前客氣，於是趁夜帶著妻女和自己的羊群逃出拉班家，想回去自己的本家。

黯沉的天色，只見遠處的一輪天光，似乎有一種不安定的景況，雅各跪在水邊，雙手向上張開，正熱烈地向上帝祈求著。

G. Doré
H. PISAN.

雅各與天使摔跤

創世記 32 16-32

他把每種牲畜各分一群，交在僕人手中，對僕人說：「你們要在我的前頭過去，使群和群之間保持一段距離」。他又吩咐領頭的人說：「我哥哥以掃遇見你的時候，問你說：『你是誰的人？要往哪裏去？你前面這些是誰的？』你就說：『是你僕人雅各的，是送給我主以掃的禮物。看哪，他自己也在我們後面。』」他又吩咐第二、第三和所有趕畜群的人說：「你們遇見以掃的時候要照這樣的話對他說，你們還要說：『看哪，你僕人雅各在我們後面。』」因雅各說：「我藉著在我前面送去的禮物給他面子，然後再見他的面，或許他會寬容我。」於是禮物在他前面過去了；那夜，雅各在營中住宿。

他夜間起來，帶著兩個妻子，兩個婢女和十一個孩子，過了雅博渡口。他帶著他們，送他們過河，他所有的一切也都過去，只剩下雅各一人。有一個人來和他摔跤，直到黎明。那人見自己勝不過他，就摸了他的大腿窩一下。雅各的大腿窩就在和那人摔跤的時候扭了。

那人說：「天快亮了，讓我走吧！」雅各說：「你不給我祝福，我就不讓你走。」那人說：「你叫甚麼名字？」他說：「雅各。」那人說：「你的名字不要再叫雅各，要叫以色列，因為你與上帝和人較力，都得勝了。」雅各問他說：「請告訴我你的名字。」那人說：「何必問我的名字呢？」於是他在那裏為雅各祝福。雅各就給那地方起名叫毗努伊勒，說：「我面對面見了上帝，我的性命仍得保全。」太陽剛出來的時候，雅各經過毗努伊勒，他的大腿就瘸了。因此，以色列人不吃大腿窩的筋，直到今日，因為那人摸了雅各大腿窩的筋。

***

圖中雅各與天使角力著，遠處天邊正露出曙光。在此處，從天使的從容神色、伸張的雙臂，可以想見天使的力量巨大，對照著奮力搏鬥的雅各，反而突顯出他努力不懈的意志。

G. Doré
C. LAPLANTE

雅各和以掃相見

創世記 33　1-11

雅各舉目觀看，看哪，以掃來了，有四百人和他一起。

雅各就把孩子們分開交給利亞、拉結和兩個婢女。他叫兩個婢女和她們的孩子走在前頭，利亞和她的孩子跟在後面，而拉結和約瑟在最後。他自己卻走到他們前面，一連七次俯伏在地才挨近他哥哥。

以掃跑來迎接他，將他抱住，伏在他的頸項上親他，他們都哭了。

以掃舉目看見婦人和孩子，就說：「這些和你一起的是誰呢？」雅各說：「這些孩子是上帝施恩給你僕人的。」於是兩個婢女和她們的孩子前來下拜，利亞和她的孩子也前來下拜，隨後約瑟和拉結也前來下拜。

以掃說：「我所遇見的這些畜群是甚麼意思呢？」雅各說：「是為了要在我主眼前蒙恩。」以掃說：「弟弟啊，我的已經夠了，你的你自己留著吧！」雅各說：「不，我若在你眼前蒙恩，就請你從我手裏收下這禮物；因為我見了你的面，如同見了上帝的面，並且你也寬容了我。請你收下我帶來給你的禮物，因為上帝恩待我，使我一切都充足。」雅各再三求他，他才收下。

***

雅各曾用詭計從以掃手中騙走了長子的名分，又趁著以撒臨終時眼睛昏花，將屬於以掃的祝福奪了去，是以如今帶著戰戰兢兢的心情回本家，深怕以掃仍舊記恨著他，會對他的妻子和孩子們不利。

這是一個感人的畫面，右邊的以掃伸手攬住雅各的頸項，將頭低靠著他的頭，雅各則低著頭抱著兄長的臂膀，兩人熱烈地擁抱著，眾人則環繞著兩人沉靜地看著，整個場景充分展現了兄弟之情。

約瑟被賣到埃及

創世記 37 2-4，12-28

這是雅各的事蹟。

約瑟十七歲與他哥哥們一同牧羊。他是個少年，與他父親的妾辟拉和悉帕的兒子們常在一起。約瑟把他們的惡行報給父親。以色列愛約瑟過於其他的兒子，因為約瑟是他年老生的；他給約瑟做了一件長袍。哥哥們見父親愛約瑟過於他們，就恨約瑟，不與他說友善的話。

約瑟的哥哥們到示劍去放他們父親的羊。以色列對約瑟說：「你哥哥們不是在示劍放羊嗎？來，我派你到他們那裏去。」約瑟對他說：「我在這裏。」以色列對他說：「你去看看你哥哥們是否平安，羊群是否平安，再回來告訴我。」於是他派約瑟出希伯崙谷，約瑟就往示劍去了。

有人遇見他，看哪，他在田野走迷了路。那人問他說：「你找甚麼？」他說：「我找我的哥哥們，請告訴我，他們在哪裏放羊。」那人說：「他們已經離開這裏走了，我聽見他們說：『我們往多坍去。』」約瑟就去追哥哥們，在多坍找到了他們。

他們遠遠看見他，趁他還沒有走近他們，就圖謀要殺死他。他們彼此說：「看哪！那做夢的來了。現在，來吧！我們把他殺了，丟在一個坑裏，就說有惡獸把他吃了。我們且看他的夢將來怎麼樣。」呂便聽見了，要救約瑟脫離他們的手，說：「我們不可害他的性命」；呂便又對他們說：「不可流他的血，可以把他丟在這曠野的坑裏，不可下手害他。」呂便要救他脫離他們的手，把他還給他父親。約瑟到了他哥哥們那裏，他們就剝去他的外衣，就是他身上那件長袍。他們抓住他，把他丟在坑裏。那坑是空的，裏頭沒有水。

他們坐下吃飯，舉目觀看，看哪，有一群以實瑪利人從基列來，用駱駝馱著香料、乳香、沒藥，要帶下埃及去。猶大對他的兄弟們說：「我們殺我們的弟弟，遮掩他的血有甚麼好處呢？來，我們把他賣給以實瑪利人，不要下手害他，因為他是我們的弟弟，我們的骨肉。」他的兄弟們就聽從了他。那時，有些米甸的商人從那裏經過，就把約瑟從坑裏拉上來。他們以二十塊銀子把約瑟賣給以實瑪利人，他們就把約瑟帶到埃及去了。

***

約瑟是雅各與拉結所生的孩子，雅各本就偏愛拉結，對約瑟這個晚年才得到的孩子自然萬般寵愛，自小看盡母親受父親冷落的哥哥們，自然而然的將這股怨恨轉移到約瑟身上。

這幅生動而富於表現力的圖畫描繪了一幅人類墮落的悲慘畫面。以色列（雅各）的小兒子約瑟被自己的弟兄販賣至埃及為奴，無奈的約瑟只能無助地回頭看向遠處正聚在一起議論的兄弟們。

G. Doré

約瑟解讀法老的夢

創世記 41　1-14，25-36

過了兩年，法老做夢，看哪，自己站在尼羅河邊，看哪，有七頭母牛從尼羅河裏上來，長相俊美，肌肉肥壯，在蘆葦中吃草。看哪，隨後又有七頭母牛從尼羅河裏上來，長相醜陋，肌肉乾瘦，與那七頭母牛一同站在河邊。這長相醜陋，肌肉乾瘦的七頭母牛吃了那長相俊美又肥壯的七頭母牛。法老就醒了。他又睡著，第二次做夢，看哪，一株麥桿長了七個穗子，又肥大又佳美，看哪，隨後又長出七個穗子，又細弱又被東風吹焦了。這細弱的穗子吞了那七個又肥大又飽滿的穗子。法老醒了，看哪，是個夢。到了早晨，法老心裏不安，就派人把埃及所有的術士和智慧人都召來。法老把所做的夢告訴他們，但是沒有人能為法老解夢。

那時司酒長對法老說：「我今日想起我的罪來。從前法老對臣僕發怒，把我和司膳長關在護衛長府內的監牢裏。我們兩人在同一晚上各做一夢，每個夢都有各自的解釋。同我們在一起有一個希伯來的年輕人，是護衛長的僕人。我們告訴他，他就為我們解夢，照著各人的夢講解。後來事情正如他給我們講解的實現了，我官復原職，司膳長被掛起來了。」

於是法老派人去召約瑟，他們就急忙把他從牢裏提出來。他就剃頭刮臉，換衣服，進到法老面前。

約瑟對法老說：「法老的夢是同一個。上帝已把要做的事指示法老了。七頭好母牛是七年，七個佳美的穗子也是七年，這是同一個夢。那隨後上來的七頭乾瘦又醜陋的母牛是七年；那七個空心，被東風吹焦的穗子也一樣，都是七個荒年。這就是我對法老所說，上帝已把要做的事顯明給法老了。看哪，必有七個大豐年來到埃及全地，隨後又有七個荒年，甚至埃及地的人都忘了先前的豐收，這地必被饑荒所滅。因為那後來的饑荒非常嚴重，就不覺得這地先前有豐收。至於法老兩次做夢，是因為上帝已經確定這事，上帝必速速成就。現在，請法老選一個聰明又有智慧的人，委派他治理埃及地。請法老這樣做，委派官員治理這地，在七個豐年的期間，徵收埃及地出產的五分之一，叫他們聚集未來豐年一切的糧食，積存五穀歸在法老的手下作糧食，儲藏在各城裏。這糧食可以為這地作儲備，為了埃及地要來的七個荒年，免得這地被饑荒所滅。」

***

約瑟被賣去埃及後，憑著聰明勤奮當上了護衛長的管家，管理一切家務。護衛長的妻子見約瑟秀雅俊美，想勾引約瑟與她同寢，卻在遭拒後誣陷約瑟，將他下到牢裡，這裡便是指約瑟從牢裡被提出來。

這張畫畫得真是好，埃及法老略顯慵懶地支著頭坐在王位上，但很專注地聽著正解說夢境的約瑟，但這幅畫教人欽佩的是，畫者將這一幕的所有細節——建築、柱子、牆上的圖騰，以及人物、服裝和隨從的徽章等——都符合了古埃及的禮儀。

G. Doré
PANNEMAKER-DOMS

約瑟和兄弟相認

創世記 45 1-20

約瑟在所有侍立在他旁邊的人面前情不自禁，就喊叫說：「每一個人都離開我，出去吧！」約瑟和兄弟相認的時候沒有一人站在他那裏。他放聲大哭，埃及人聽見了，法老家中的人也聽見了。

約瑟對他兄弟們說：「我就是約瑟。我的父親還在嗎？」他兄弟們不敢回答他，因為他們在他面前都很驚惶。約瑟又對他兄弟們說：「靠近我一點。」他們就近前來。他說：「我是被你們賣到埃及的兄弟約瑟。現在，不要因為把我賣到這裏而憂傷，對自己生氣，因為上帝差我在你們以先來，為要保全性命。現在這地的饑荒已經二年了，還有五年不能耕種，沒有收成。上帝差我在你們以先來，為要給你們在世上存留餘種，大施拯救，保全你們的性命。這樣看來，差我到這裏來的不是你們，而是上帝。他又使我如同法老之父，作他全家之主，和埃及全地掌權的人。你們要趕緊上到我父親那裏，對他說：『你兒子約瑟這樣說：上帝已立我作全埃及之主，請你下到我這裏來，不要耽擱。你和你的兒子孫子，羊群牛群，以及一切所有的，都可以住在歌珊地，與我相近。我要在那裏奉養你，因為還有五年的饑荒，免得你和你的家屬，以及一切所有的，都陷入窮困中。』看哪，你們的眼睛和我弟弟便雅憫的眼睛都看見，是我親口對你們說話。你們要把我在埃及一切的尊榮和你們所有看見的事情都告訴我父親，也要趕緊請我父親下到這裏來。」

於是約瑟伏在他弟弟便雅憫的頸項上哭，便雅憫也在他的頸項上哭。他又親眾兄弟，伏著他們哭。過後，他的兄弟就和他說話。

這消息傳到法老的宮裏，說：「約瑟的兄弟們來了。」法老和他的臣僕眼中都看為好。法老對約瑟說：「你要吩咐你的兄弟們說：『你們要這樣做：把馱子抬在牲口上，動身到迦南地去，請你們的父親和你們的家屬都到我這裏來，我要把埃及地的美物賜給你們，你們也要吃這地肥美的出產。』你要吩咐他們：『要這樣做：從埃及地帶著車輛去，把你們的孩子和妻子，以及你們的父親都接來。你們的眼不要顧惜你們的家具，因為埃及全地的美物都是你們的。』」

***

為法老解夢後，約瑟受到法老賞識，當上宰相。不久後，約瑟預言的荒年來臨了，各地都受饑荒所苦，唯獨埃及依然有糧食可吃，雅各於是派約瑟的十個哥哥前往埃及買糧食。

這幅令人欽佩的插圖，與前一則的故事插圖一樣，忠實於埃及生活和禮儀的細節，也同時展現了故事敘事的張力，約瑟展開雙手直面將他販賣掉的兄弟們，因為此時的他已是「如同法老之父，作他全家之主，和埃及全地掌權的人」，而眾兄弟們則充滿愧疚與驚惶地不太敢面對他。

雅各遷居埃及

創世記 45　25-28，46　1-6

他們從埃及上去，來到迦南地他們的父親雅各那裏，告訴他說：「約瑟還活著，並且作了埃及全地掌權的人。」

雅各心裏冰涼，因為不信他們。他們就把約瑟對他們所說一切的話都告訴了他。他看見約瑟派來接他的車輛，他們父親雅各的靈就甦醒了。以色列說：「夠了！我的兒子約瑟還活著，我要趁我未死之前去見他。」

以色列帶著一切所有的，起程到別是巴去，獻祭給他父親以撒的上帝。夜間，上帝在異象中對以色列說：「雅各！雅各！」他說：「我在這裏。」上帝說：「我是上帝，你父親的上帝。不要害怕下埃及去，因為我必使你在那裏成為大國。我要和你同下埃及去，也必定帶你上來；約瑟要親手合上你的眼睛。」

雅各就從別是巴起行。以色列的兒子讓他們的父親雅各和他們的孩子、妻子都坐在法老為雅各派來的車上。他們也帶著迦南地所得的牲畜和財物來到埃及。雅各和他所有的子孫都一同來了。他把他的兒子、孫子、女兒、孫女，他所有的子孫一同帶到埃及。

***

不計前嫌的約瑟給了哥哥們糧食、牲畜和埃及出產的美物，要他們將父親雅各從迦南地接來埃及居住。

這又是一場遷移的活動（另見〈亞伯蘭遷往迦南〉P.32），卻是為了父子的親情。圖中一樣有成群的人畜，但這一次是由遠而近的移動，突顯了人物部分，尤其是年老的雅各，側坐在裝飾華麗的駱駝上，眼神聚焦在遠方，好像有所期待。

G. Doré

漂流在尼羅河中的嬰兒

出埃及記1　15-22，2　1-4

埃及王又對希伯來的接生婆，一個名叫施弗拉，另一個名叫普阿的說：「你們為希伯來婦人接生，臨盆的時候要注意，若是男的，就把他殺了，若是女的，就讓她活。」但是接生婆敬畏上帝，不照埃及王的吩咐去做，卻讓男孩活著。

埃及王召了接生婆來，對她們說：「你們為甚麼做這事，讓男孩活著呢？」接生婆對法老說：「因為希伯來婦人與埃及婦人不同；希伯來婦人健壯，接生婆還沒有到，她們已經生產了。」上帝恩待接生婆；以色列人增多起來，極其強盛。接生婆因為敬畏上帝，上帝就叫她們成立家室。

法老吩咐他的眾百姓說：「把所生的每一個男孩都丟到尼羅河裏去，讓所有的女孩存活。」

有一個利未家的人娶了一個利未女子為妻。那女人懷孕，生了一個兒子，見他俊美，就把他藏了三個月，後來不能再藏，就取了一個蒲草箱，抹上柏油和樹脂，將孩子放在裏面，把箱子擱在尼羅河邊的蘆葦中。孩子的姊姊遠遠站著，要知道他究竟會怎樣。

***

雅各遷居至埃及，住在埃及的歌珊地。以色列人生養眾多，並且繁茂，極其強盛。新法老繼位後，開始忌憚起以色列人，想方設法苦待以色列人，希望他們在埃及地中滅絕。

插圖畫的是漂流在尼羅河中的孩子，他躺在蒲草編織而成的箱盒中，河水隨風翻起波浪，兩旁可見蘆葦叢，月色昏暗，泰半被烏雲遮住了。但是，箱盒的上方卻有幾位天使隨行保護著。

Exod. II.

在蘆葦叢中的摩西

出埃及記 2 5-10

法老的女兒來到尼羅河邊洗澡，她的女僕們在河邊行走。她看見在蘆葦中的箱子，就派一個使女把它拿來。

她打開箱子，看見那孩子。看哪，男孩在哭，她就可憐他，說：「這是希伯來人的一個孩子。」

孩子的姊姊對法老的女兒說：「我去叫一個希伯來婦人來作奶媽，替你乳養這孩子，好嗎？」法老的女兒對她說：「去吧！」那女孩就去叫了孩子的母親來。

法老的女兒對她說：「你把這孩子抱去，替我乳養這孩子，我必給你工錢。」那婦人就把孩子接過來，乳養他。

孩子長大了，婦人把他帶到法老的女兒那裏，就作了她的兒子。她給孩子起名叫摩西，說：「因我把他從水裏拉出來。」

***

法老因為以色列子民迅速增多而驚惶失措，於是下令每個男嬰一出生就要被殺掉，於是在接續前段故事後，促成了這幅圖畫故事的產生。公主看到了孩子，她的心被孩子的魅力所吸引，雖然她立刻斷定那是希伯來人的孩子，但她仍決定把他養大，儘管法老禁止這樣做。

Gve. Doré
PANNEMAKER-DMOS. Sc.

亞倫的杖

出埃及記 7 1-13

耶和華對摩西說:「我使你在法老面前像上帝一樣，你的哥哥亞倫是你的代言人。凡我所吩咐你的，你都要說。你的哥哥亞倫要對法老說，讓以色列人離開他的地。我要使法老的心固執，我也要在埃及地多行神蹟奇事。法老必不聽從你們，因此我要伸手嚴厲地懲罰埃及，把我的軍隊，就是我的百姓以色列人從埃及地領出來。我伸手攻擊埃及，把以色列人從他們中間領出來的時候，埃及人就知道我是耶和華。」摩西和亞倫就去做；他們照耶和華吩咐的去做了。摩西和亞倫與法老說話的時候，摩西八十歲，亞倫八十三歲。

耶和華對摩西和亞倫說：「法老若吩咐你們說：『你們行一件奇事吧！』你就對亞倫說：『把杖丟在法老面前！杖會變成蛇。』」

摩西和亞倫到法老那裏去，照耶和華所吩咐的去做。亞倫把杖丟在法老和他臣僕面前，杖就變成蛇。法老也召了智慧人和行邪術的人來，這些埃及術士也用邪術照樣做。他們各人丟下自己的杖，杖就變成蛇；但亞倫的杖吞了他們的杖。法老心裏剛硬，不聽摩西和亞倫，正如耶和華所說的。

***

上帝見以色列人在埃及受苦，於是召喚摩西帶領以色列人離開埃及，回到祖先的應許之地——迦南。摩西自覺無能力擔此重任，於是上帝呼召亞倫做他的代言人。

高台上居中端坐著表情嚴肅的埃及法老，兩旁及身後則是其他看好戲的人。台下站著摩西與亞倫，摩西手指著地上已然變成蛇的杖。

瘟疫降臨埃及各地

出埃及記 9 1-7

耶和華對摩西說:「你要到法老那裏,對他說:『耶和華－希伯來人的上帝如此說:放我的百姓走,好事奉我。你若不肯放他們走,仍要強留他們,看哪,耶和華的手必以嚴重的瘟疫加在你田間的牲畜上,就是在馬、驢、駱駝、牛群和羊群的身上。耶和華卻要分別以色列的牲畜和埃及的牲畜,凡屬以色列人的,一隻都不死。』」耶和華就設定時間,說:「明天耶和華必在此地行這事。」

第二天,耶和華行了這事。埃及的牲畜全都死了,只是以色列人的牲畜,一隻都沒有死。法老派人去,看哪,以色列人的牲畜連一隻都沒有死。可是法老硬著心,不放百姓走。

***

上帝在埃及降下血災(使河水變成無法飲用的血)、蛙災、蝨災、蠅災後,唯獨以色列人居住的歌珊地未受災害,法老仍舊硬著心腸,不容許以色列人離開埃及。

這是對抗法老諸多災禍的其中之一。灰暗的天空下,遠處群鳥飛逃而去,然後由遠而近,地上的牲畜無不倒地而斃,人們驚惶痛苦奔竄,這是一幅不折不扣的災難圖。

黑暗之災

出埃及記 10 21-29

耶和華對摩西說：「你向天伸出你的手，使黑暗籠罩埃及地；這黑暗甚至可以摸得到。」摩西向天伸出他的手，濃密的黑暗就籠罩了埃及全地三天之久。

三天內，人人彼此看不見，誰也不敢起身離開原地；但所有以色列人住的地方卻有光。

法老就召摩西來，說：「去，事奉耶和華吧！只是你們的羊群牛群要留下來。你們的孩子可以和你們同去。」

摩西說：「你必須把祭物和燔祭牲交在我們手中，讓我們可以向耶和華我們的上帝獻祭。我們的牲畜也要與我們同去，連一蹄也不留下，因為我們要從牲畜中挑選來事奉耶和華－我們的上帝。未到那裏之前，我們還不知道要用甚麼來事奉耶和華。」但耶和華任憑法老的心剛硬，法老不肯放他們走。

法老對摩西說：「離開我去吧！你要小心，不要再見我的面，因為再見我面的那日，你就必死！」

摩西說：「就照你說的，我也不要再見你的面了！」

***

畜疫之災後，上帝又降下瘡災、雹災、蝗災，致使埃及境內災情慘重。法老急忙召摩西、亞倫來，希望他們能讓上帝改變心意。於是上帝轉了極大的西風，把蝗蟲颳入了紅海，法老的心便再度剛硬起來，不容以色列人離開。

如同前一則，這是對抗法老的災禍之一。天地昏暗不明，僅有遠處的光亮著（那是以色列人的所在），人們蜷曲伏地痛苦哀號，右下黑暗角落則不斷有異獸匍匐而出……

頭生子的擊殺

出埃及記 12 21-30

於是，摩西召了以色列的眾長老來，對他們說：「你們要為家人取羔羊，把逾越的羔羊宰了。要拿一把牛膝草，蘸盆裏的血，把盆裏的血塗在門楣上和兩邊的門框上。直到早晨你們誰也不可出自己家裏的門。因為耶和華要走遍埃及，施行擊殺，他看見血在門楣上和兩邊的門框上，耶和華就必逾越那門，不讓滅命者進你們的家，施行擊殺。你們要守這命令，作為你們和你們子孫永遠的定例。日後，你們到了耶和華所應許賜給你們的那地，就要守這禮儀。你們的兒女對你們說：『這禮儀是甚麼意思呢？』你們就說：『這是獻給耶和華逾越節的祭物。當耶和華擊殺埃及人的時候，他逾越了以色列人在埃及的房屋，救了我們各家。』」於是百姓低頭敬拜。以色列人就去做；他們照耶和華吩咐摩西和亞倫的去做了。

到了半夜，耶和華把埃及地所有頭生的，就是從坐寶座的法老，到關在牢裏的人的長子，以及一切頭生的牲畜，盡都殺了。法老和他眾臣僕，以及所有的埃及人，都在夜間起來了。在埃及有大大的哀號，因為沒有一家不死人的。

***

上帝知道法老仍心存剛硬，決心對埃及降下最後的災禍，「凡在埃及地，從坐寶座的法老直到磨子後的婢女所有的長子，以及一切頭生的牲畜，都必死。」

這是降禍埃及的最後一擊，凡是頭生的長子無不遭殃，畫家在此以執劍的天使來代表殺戮災殃的進行，頭生子無一倖免，身為母親之人只能無奈失神的看著慘劇發生，抑或悲痛的哀號著。

G. Doré
H. PISAN.

法老的妥協

出埃及記 12 31-36

夜間，法老召了摩西和亞倫來，說：「起來！你們和以色列人，都離開我的百姓出去，照你們所說的，去事奉耶和華吧！照你們所說的，連羊群牛群也帶走，也為我祝福吧！」

埃及人催促百姓趕快離開那地，因為埃及人說：「我們都快死了。」百姓就拿著沒有發酵的生麵，把揉麵盆包在衣服中，扛在肩上。以色列人照摩西的話去做，向埃及人索取金器、銀器和衣裳。耶和華使埃及人看得起他的百姓，埃及人就給了他們所要的。他們就掠奪了埃及人。

***

慘痛的一夜過後，埃及全境內頭生的長子都遭到擊殺，法老終於不再阻攔以色列人離開。插圖中看到法老紆尊降貴地跪求摩西將以色列人帶走，周邊的埃及人則痛苦地或掩面、或俯地哀告。

過紅海

出埃及記 14 21-31

摩西向海伸手，耶和華就用強勁的東風，使海水在一夜間退去，海就成了乾地；水分開了。以色列人下到海中，走在乾地上，水在他們左右成了牆壁。埃及人追趕他們，法老一切的馬匹、戰車和戰車長都跟著下到海中。

破曉時分，耶和華從雲柱、火柱中瞭望埃及的軍兵，使埃及的軍兵混亂。他使他們的車輪脫落，難以前行，埃及人說：「我們從以色列人面前逃跑吧！因耶和華為他們作戰，攻擊埃及了。」

耶和華對摩西說：「你要向海伸手，使水回流到埃及人，他們的戰車和戰車長身上。」摩西就向海伸手，到了天亮的時候，海恢復原狀。

埃及人逃避水的時候，耶和華把他們推入海中。海水回流，淹沒了戰車和戰車長，以及那些跟著以色列人下到海中的法老全軍，連一個也沒有剩下。以色列人卻在海中走乾地，水在他們的左右成了牆壁。

那一日，耶和華拯救以色列脫離埃及人的手。以色列人看見埃及人死在海邊。以色列人看見耶和華向埃及人所施展的大能，百姓就敬畏耶和華，並且信服耶和華和他的僕人摩西。

***

以色列人終於離開埃及，往疏割去；除了婦人孩子，步行的男人約有六十萬。法老再次反悔，於是派出追兵，在紅海邊追上以色列人。上帝要摩西舉手向海伸杖，把水分開，讓以色列人下海中走乾地。

這是一場大能奇蹟的展現，近處的埃及士兵被滾滾波濤捲襲，兵馬戰車一片混亂，掙扎於海水之中，遠方的以色列人羅列於岸邊看著這一幕，人群高處突顯了一人，高舉雙手，那正是摩西。

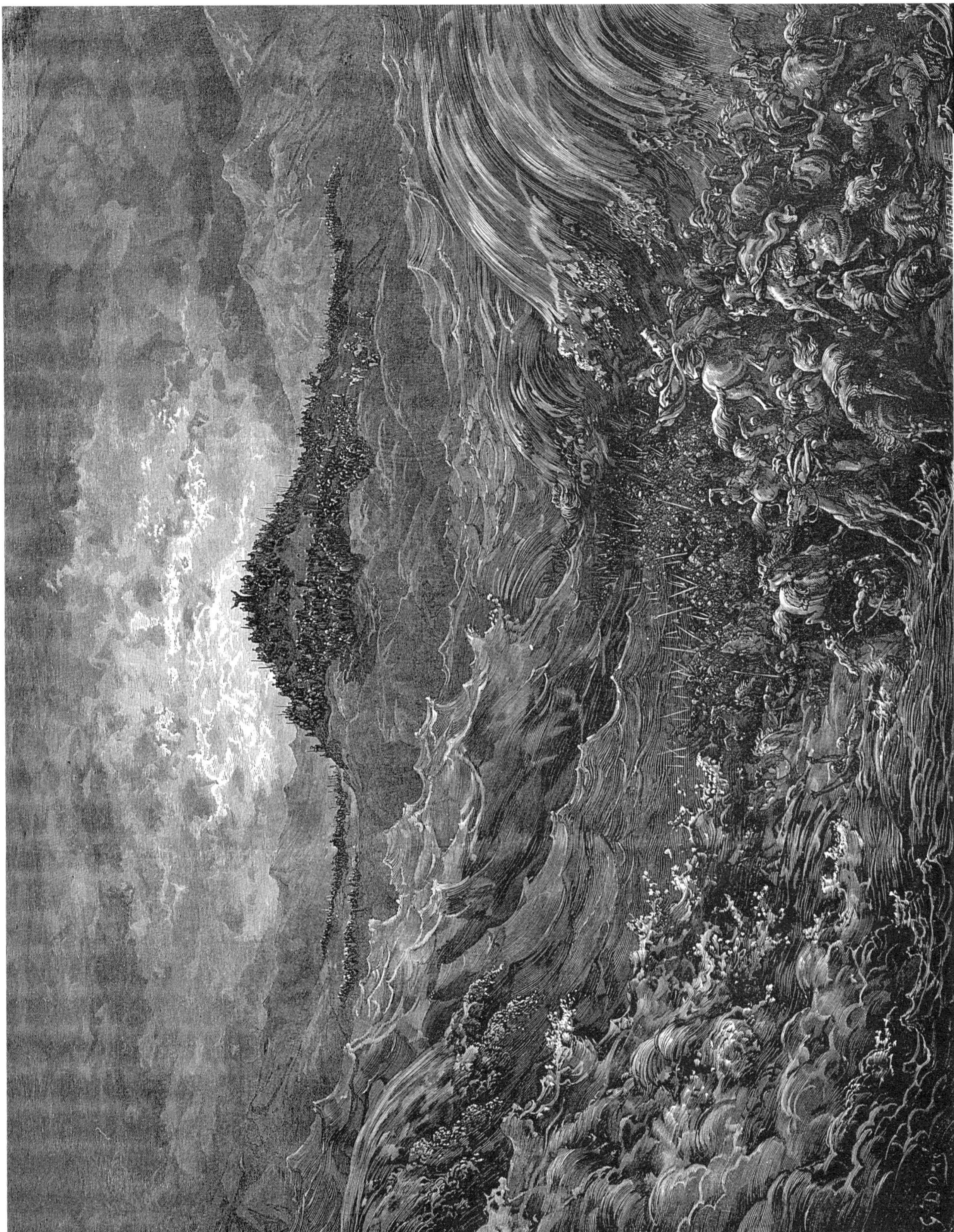

磐石出水

出埃及記 17 1-7

以色列全會眾遵照耶和華的吩咐，從汛的曠野一段一段地往前行。他們在利非訂安營，但百姓沒有水喝。

百姓就與摩西爭鬧，說：「給我們水喝吧！」摩西對他們說：「你們為甚麼與我爭鬧呢？你們為甚麼試探耶和華呢？」百姓在那裏口渴要喝水，就向摩西發怨言，說：「你為甚麼把我們從埃及領出來，使我們和我們的兒女，以及牲畜都渴死呢？」

摩西就呼求耶和華說：「我要怎樣對待這百姓呢？他們差一點就要拿石頭打死我了。」耶和華對摩西說：「你帶著以色列的幾個長老，走在百姓前面，手裏拿著你先前擊打尼羅河的杖，去吧！看哪，我要在何烈的磐石那裏，站在你面前。你要擊打磐石，水就會從磐石流出來，給百姓喝。」

摩西就在以色列的長老眼前這樣做了。他給那地方起名叫瑪撒，又叫米利巴，因為以色列人在那裏爭鬧，並且試探耶和華，說：「耶和華是否在我們中間呢？」

***

出埃及的旅程中，上帝一再向以色列人展現祂的的眷顧。然而，即便目睹了上帝為他們分紅海、將苦水變甘甜、降下嗎哪與鵪鶉餵飽眾人等種種神蹟，以色列人仍一再向摩西發怨言，後悔隨他離開埃及。

這裡是摩西再一次神蹟的展現，在乾旱的磐石地裏，他以杖擊地，讓磐石出水供給百姓解渴。畫中百姓歡呼汲水而飲，而左方遠處一個模糊人影（摩西）正高舉著手杖。

耶和華在西奈山

出埃及記 19 7-25

摩西去召了百姓中的長老來，將耶和華吩咐他的話當面告訴他們。百姓都同聲回答：「凡耶和華所說的，我們一定遵行。」摩西就將百姓的話回覆耶和華。耶和華對摩西說：「看哪，我要在密雲中臨到你那裏，叫百姓在我與你說話的時候可以聽見，就可以永遠相信你了。」於是，摩西將百姓的話稟告耶和華。

耶和華對摩西說：「你往百姓那裏去，使他們今天明天分別為聖，又叫他們洗衣服。第三天要預備好，因為第三天耶和華要在眾百姓眼前降臨在西奈山。你要在山的周圍給百姓劃定界限，說：『你們當謹慎，不可上山去，也不可摸山的邊界。凡摸這山的，必被處死。不可用手碰他，要用石頭打死，或射死；無論是人是牲畜，都不可活。』到角聲拉長的時候，他們才可到山腳來。」摩西下山到百姓那裏去，使他們分別為聖，他們就洗衣服。他對百姓說：「第三天要預備好；不可親近女人。」

到了第三天早晨，山上有雷轟、閃電和密雲，並且角聲非常響亮，營中的百姓盡都戰抖。摩西率領百姓出營迎見上帝，都站在山下。西奈山全山冒煙，因為耶和華在火中降臨山上。山的煙霧上騰，彷彿燒窯，整座山劇烈震動。角聲越來越響，摩西說話，上帝以聲音回答他。耶和華降臨在西奈山頂上，耶和華召摩西上山頂，摩西就上去了。

耶和華對摩西說：「你下去警告百姓，免得他們闖過來看耶和華，就會有許多人死亡。那些親近耶和華的祭司也要把自己分別為聖，免得耶和華忽然出來擊殺他們。」摩西對耶和華說：「百姓不能上西奈山，因為你已經警告我們說：『要在山的周圍劃定界限，使山成聖。』」耶和華對他說：「下去吧，你要和亞倫一起上來；只是祭司和百姓不可闖上來到耶和華這裏，免得耶和華忽然出來擊殺他們。」於是，摩西下到百姓那裏告訴他們。

***

出埃及三個月後，以色列人走到了西奈山，上帝向摩西顯現，要與以色列人立約，「你們若實在聽從我的話，就要在萬民中作屬我的子民。」

這張插圖呈現的是第十六節所陳述的情境：到了第三天早晨，山上有雷轟、閃電和密雲，並且角聲非常響亮，營中的百姓盡都戰抖。我們在左上方可以看到在密雲中爍亮的閃電，而眾人驚得或匍匐在地、或伸舉雙手高呼。

十誡

出埃及記 20 1-17，24 12

上帝吩咐這一切的話，說：

「我是耶和華－你的上帝，曾將你從埃及地為奴之家領出來。

「除了我以外，你不可有別的神。

「不可為自己雕刻偶像，也不可做甚麼形像，彷彿上天、下地和地底下水中的百物。不可跪拜那些像，也不可事奉它們，因為我耶和華－你的上帝是忌邪的上帝。恨我的，我必懲罰他們的罪，自父及子，直到三、四代；愛我，守我誡命的，我必向他們施慈愛，直到千代。

「不可妄稱耶和華－你上帝的名，因為妄稱耶和華名的，耶和華必不以他為無罪。

「當記念安息日，守為聖日。六日要勞碌做你一切的工，但第七日是向耶和華－你的上帝當守的安息日。這一日你和你的兒女、奴僕、婢女、牲畜，以及你城裏寄居的客旅，都不可做任何的工。因為六日之內，耶和華造天、地、海和其中的萬物，第七日就安息了；所以耶和華賜福與安息日，定為聖日。

「當孝敬父母，使你的日子在耶和華－你上帝所賜你的地上得以長久。

「不可殺人。

「不可姦淫。

「不可偷盜。

「不可做假見證陷害你的鄰舍。

「不可貪戀你鄰舍的房屋；不可貪戀你鄰舍的妻子、奴僕、婢女、牛驢，以及他一切所有的。」

耶和華對摩西說：「你上山到我這裏來，就在那裏，我要將石版，就是我所寫的律法和誡命賜給你，使你可以教導他們。」

***

這是上帝在西奈山上對摩西宣布以色列人須遵守的十條戒律，並以石板雋刻呈現。圖中畫著摩西手捧戒律石板向眾人宣示上帝的旨意，遠方密布的濃雲及閃電，似乎正呼應著他。

G. Doré
H. PISAN.

可拉、大坍和亞比蘭的懲罰

民數記 16 12-35

摩西派人去叫以利押的兒子大坍和亞比蘭。他們卻說：「我們不上去！你把我們從流奶與蜜之地領出來，讓我們死在曠野，這豈是小事？你還要自立為王管轄我們嗎？你根本沒有領我們到流奶與蜜之地，也沒有給我們田地和葡萄園作為產業。難道你想要挖這些人的眼睛嗎？我們不上去！」

摩西非常生氣，就對耶和華說：「求你不要接受他們的供物。我並沒有奪過他們一匹驢，也沒有害過他們中任何一個人。」摩西對可拉說：「明天，你和你所有同夥的人，以及亞倫，都要站在耶和華面前。你們各人要拿一個香爐，把香放在上面，各人帶香爐到耶和華面前，共二百五十個；你和亞倫也各拿自己的香爐。」於是他們各人拿一個香爐，盛著火，加上香，和摩西、亞倫一同站在會幕的門口。可拉召集全會眾到會幕門口攻擊摩西和亞倫。這時，耶和華的榮光向全會眾顯現。

耶和華吩咐摩西和亞倫說：「你們離開這會眾，我好立刻把他們滅絕。」

摩西、亞倫臉伏於地，說：「上帝，賜萬人氣息的上帝啊，一人犯罪，你就要向全會眾發怒嗎？」

耶和華吩咐摩西說：「你吩咐會眾說：『你們遠離可拉、大坍和亞比蘭帳棚的周圍。』」摩西起來，到大坍、亞比蘭那裏去；以色列的長老也都跟著他去。他吩咐會眾說：「你們離開這些惡人的帳棚吧！不可碰他們的任何東西，免得你們因他們一切的罪而消滅。」於是會眾遠離了可拉、大坍和亞比蘭的帳棚。

大坍和亞比蘭帶著妻子、兒女和小孩子出來，站在自己的帳棚門口。摩西說：「因這件事，你們就必知道這一切事是耶和華差派我做的，並非出於我的心意。這些人的死若和世人無異，或者他們所遭遇的和其他人相同，那麼耶和華就不曾差派我了。但是，倘若耶和華創作一件新事，使地開了裂口，把他們和一切屬他們的都吞下去，叫他們活活墜落陰間，你們就知道是這些人藐視了耶和華。」摩西剛說完這些話，他們腳下的地就裂開，地開了裂口，把他們和他們的家眷，以及一切屬可拉的人和財物，都吞了下去。他們和一切屬他們的，都活活墜落陰間；地在他們上面又合攏起來，他們就從會眾中滅亡了。

在他們四圍的以色列眾人聽見他們的叫聲，就都逃跑，說：「恐怕地也要把我們吞下去了！」有火從耶和華那裏出來，吞滅了那上香的二百五十人。

***

插畫畫出了上帝嚴懲背叛之人的場景，地面轟然而裂，瞬間吞噬了可拉、大坍和亞比蘭三人，其他眾人則驚惶地看著這一幕的發生。

救命的銅蛇

民數記 21 1-9

住尼革夫的迦南人的亞拉得王，聽說以色列從亞他林路來，就和以色列交戰，擄去他們一些人。以色列向耶和華許願說：「你若把這百姓真的交在我手中，我就把他們的城鎮徹底毀滅。」耶和華垂聽了以色列的聲音，把迦南人交出來。以色列就把迦南人和他們的城鎮徹底毀滅。因此，那地方名叫何珥瑪 。

他們從何珥山起行，繞過以東地往紅海那條路走。在路上，百姓心中煩躁。百姓向上帝和摩西發怨言，說：「你們為甚麼把我們從埃及領上來，使我們死在曠野呢？這裏沒有糧食，沒有水，我們厭惡這淡而無味的食物。」耶和華派火蛇進入百姓當中去咬他們，於是以色列中死了許多百姓。

百姓到摩西那裏，說：「我們有罪了，因為我們向耶和華和你發怨言。求你向耶和華禱告，叫蛇離開我們。」於是摩西為百姓禱告。耶和華對摩西說：「你要造一條火蛇，掛在杆子上。凡被咬的，一望這蛇就必存活。」摩西就造了一條銅蛇，掛在杆子上。凡被蛇咬的，一望這銅蛇就活了。

***

上帝幫助以色列人戰勝了迦南人亞拉得王後，以色列人因趕路心煩，再度向上帝發怨言，甚至嫌棄上帝所賜下的嗎哪是「淡而無味的食物」，渾然忘了在埃及為奴受虐的苦日子。

畫面上以銅鑄成的火蛇高高樹立，摩西站立一旁，似在宣揚銅蛇的功效，而四周攏聚而來的受難傷者，臉上、肢體動作上無不展露出掙扎求生的模樣，近處甚且還可看到扭動傷人的火蛇。

巴蘭和他的驢

民數記 22 15-35

巴勒又差遣比這些更多，更尊貴的官員。他們來到巴蘭那裏，對他說：「西撥的兒子巴勒這樣說：『請你不要再推辭到我這裏來！我必使你得極大的尊榮，無論你向我要甚麼，我都給你。只求你來為我詛咒這百姓。』」巴蘭回答巴勒的臣僕說：「巴勒就是將他滿屋的金銀給我，我也不能做任何大小的事，違背耶和華－我上帝的指示。現在請你們今晚也在這裏住下，我好知道耶和華還要對我說甚麼。」上帝在夜裏臨到巴蘭那裏，說：「這些人若來求你，你就起來跟他們去吧，只是你必須照著我對你說的話去做。」

巴蘭早晨起來，備了驢，就和摩押的官員一同去了。上帝因他去就怒氣發作；耶和華的使者站在路中間敵對他。他騎著驢，有兩個僕人跟隨他。驢看見耶和華的使者站在路中間，手裏有拔出來的刀，就離開了路，岔入田間。巴蘭就打驢，要牠回到路上。耶和華的使者站在葡萄園的窄路上，這邊有牆，那邊也有牆。驢看見耶和華的使者，就往牆擠去，把巴蘭的腳擠到牆上；巴蘭再打驢。耶和華的使者又往前去，站在狹窄的地方，那裏左右都無路可轉。驢看見耶和華的使者，就伏在巴蘭底下。巴蘭怒氣發作，用杖打驢。耶和華使驢開口，對巴蘭說：「我向你做了甚麼，你竟打我這三次呢？」巴蘭對驢說：「因為你戲弄我，我恨不得手中有刀，現在就把你殺了。」驢對巴蘭說:「我不是你從小直到今天所騎的驢嗎？我平時有這樣待過你嗎？」巴蘭說:「沒有。」

耶和華使巴蘭的眼目明亮，他看見耶和華的使者站在路中間，手裏有拔出來的刀；巴蘭就低頭俯伏下拜。

耶和華的使者對他說：「你為甚麼這三次打你的驢呢？看哪，我出來敵對你，因為這路在我面前已經偏離了。驢看見我就從我面前迴避了這三次；驢若沒有迴避我，我早把你殺了，留牠存活。」巴蘭對耶和華的使者說：「我有罪了。我不知道你站在路中間阻擋我；現在你若看為不好，我就回去。」耶和華的使者對巴蘭說：「你和這些人去吧！你只要說我對你說的話。」於是巴蘭和巴勒的官員一同去了。

***

以色列人戰勝亞摩利人後再往前行，在摩押平原紮營。摩押王巴勒聽說以色列人如何戰勝亞摩利人並佔領他們的地，內心十分懼怕。

巴蘭因為口出的祝福與詛咒都會實現，所以被摩押王找去對付以色列人，但耶和華已經告知巴蘭不得詛咒以色列人，所以當巴蘭不得不應邀前往時，就在路上出現了如插圖所示的這一幕。驢因為可以看見使者（天使），所以和巴蘭發生了推擠摩擦。

G. Doré
C. LAPLANTE

以色列人過約旦河

約書亞記 3 1-17

約書亞清早起來，和以色列眾人起行，離開什亭，來到約旦河，過河以前住在那裏。過了三天，官長走遍營中，吩咐百姓說：「當你們看見利未家的祭司抬著耶和華－你們上帝的約櫃的時候，你們就要起行離開所住的地方，跟著約櫃走，使你們知道所當走的路，因為這條路是你們從來沒有走過的。只是你們要與約櫃相隔約二千肘，不可太靠近約櫃。」約書亞吩咐百姓說：「你們要使自己分別為聖，因為明天耶和華必在你們中間行奇事。」約書亞對祭司說：「你們抬起約櫃，在百姓的前面過去。」於是他們抬起約櫃，走在百姓前面。

耶和華對約書亞說：「從今日起，我必使你在以色列眾人眼前被尊為大，使他們知道我怎樣與摩西同在，也必照樣與你同在。你要吩咐抬約櫃的祭司說：『你們到了約旦河的水邊，要在約旦河中站著。』」約書亞對以色列人說：「你們近前，到這裏來，聽耶和華－你們上帝的話。」約書亞說：「你們因這事會知道永生的上帝在你們中間，他必從你們面前趕出迦南人、赫人、希未人、比利洗人、革迦撒人、亞摩利人、耶布斯人。看哪！全地之主的約櫃必在你們的前面過去，到約旦河裏。現在，你們要從以色列支派中選出十二個人，每支派一人。當抬耶和華全地之主約櫃的祭司，腳掌踏入約旦河水裏的時候，約旦河的水，就是從上往下流的水，必然中斷，豎立成壘。」

百姓起行離開帳棚過約旦河的時候，抬約櫃的祭司在百姓的前面。那時正是收割的日子，約旦河的水漲滿兩岸。抬約櫃的人到了約旦河，抬約櫃的祭司腳一入水邊，那從上往下流的水就在很遠的地方，在撒拉但旁邊的亞當城那裏停住，豎立成壘；那往亞拉巴海，就是鹽海下流的水全然中斷。於是，百姓在耶利哥的對面過了河。抬耶和華約櫃的祭司在約旦河中的乾地上穩穩站著，以色列眾人都從乾地上過去，直到全國都過了約旦河。

***

摩西死後，上帝吩咐摩西的繼承人約書亞帶領以色列人渡約旦河，要將約旦河東岸的土地賜給以色列人安居。

這是如同當初以色列人過紅海般的奇蹟再次展現，這一次是由摩西的繼承人約書亞所帶領，利用了約櫃讓約旦河停止流動，讓以色列人順利通過，插畫所表達的正是以色列行伍通過已然停止流動的約旦河。

天使來到約書亞的軍隊

約書亞記 5 13-15

約書亞靠近耶利哥的時候，舉目觀看，看哪，有一個人站在他對面，手裏拿著拔出來的刀。

約書亞到他那裏，對他說:「你是屬我們的，還是屬我們敵人的呢？」他說:「不，我現在來是要作耶和華軍隊的元帥。」

約書亞就臉伏於地下拜，說：「我主有甚麼話，請吩咐僕人吧！」耶和華軍隊的元帥對約書亞說：「把你腳上的鞋脫下來，因為你所站的地方是聖的。」約書亞就照著做了。

***

正月初十，以色列人過了約旦河，在耶利哥東邊紮營，大約有四萬裝備好的戰士過了河，到耶利哥平原，準備作戰。約旦河西岸和地中海沿岸的諸王聽說上主使約旦河乾涸，讓以色列人民走過去，就都心驚膽戰，嚇得魂不附體。

約書亞順服上帝的引領，所以當使者表明自己是「耶和華軍隊的元帥」時，便毫無考慮的伏地下拜。畫家在此呈現的是天使出現在部隊之前，當眾表明自己的身分。

城牆崩塌的耶利哥城

約書亞記 6 1-5，15-20

耶利哥的城門因以色列人的緣故，關得嚴緊，無人出入。耶和華對約書亞說：「看，我已經把耶利哥城和耶利哥王，以及大能的勇士，都交在你手中。你們要圍繞這城，所有的士兵繞城一次，六日你都要這樣做。七個祭司要拿七個羊角走在約櫃前。到了第七日，你們要圍繞這城七次，祭司也要吹角。羊角聲拖長的時候，你們一聽見角聲，眾百姓要大聲呼喊，城牆就必倒塌，各人要往前直上。」

第七日清早黎明時，他們起來，以同樣的方式圍繞城七次；惟獨這一日他們圍繞城七次。到了第七次，祭司吹角的時候，約書亞對百姓說：「呼喊吧，因為耶和華已經把城交給你們了！這城和其中所有的都要永獻給耶和華作當毀滅的，只有妓女喇合與她家中所有的可以存活，因為她隱藏了我們所派的使者。但你們務必謹慎，不可取那當滅的物，免得你們受詛咒，取了那當滅的物，使以色列全營成為詛咒而遭受災禍。只有金子、銀子和銅鐵的器皿都要歸耶和華為聖，放入耶和華的庫房中。」於是百姓呼喊，祭司吹角。百姓一聽見角聲就大聲呼喊，城牆隨著倒塌。百姓上去進城，各人往前直上，把城奪取。

***

約書亞曾派兩個探子探查耶利哥城。探子到了城裏，在妓女喇合家過夜，妓女欺騙了循線前來搜查的人，幫助兩人脫險。她知道上帝與以色列人同在，於是要求探子答應日後會善待她全家人，就像她助他們脫險一樣。

這是以色列人攻陷固若金湯的耶利哥城最驚人的一幕，在倒塌的城牆中，守衛的兵士無不隨之崩潰，從倒下的缺口中，可見城牆外齊吹號角的祭司與吶喊的百姓，而約櫃正在行伍中。

約書亞放過了喇合

約書亞記 6 22-25

約書亞對窺探這地的兩個人說：「你們進那妓女的家，照你們向她所起的誓，將那女人和她所有的都從那裏帶出來。」

兩個作過探子的青年進去，把喇合與她的父母、兄弟，和她所有的帶出來，他們把她所有的親屬都帶出來，安置在以色列的營外。

他們用火焚燒了那城和其中所有的，只有金子、銀子和銅鐵的器皿都放在耶和華殿的庫房中。至於妓女喇合和她父家，以及她所有的，約書亞保存了他們的性命。她就住在以色列中，直到今日，因為她隱藏了約書亞派來窺探耶利哥的使者。

***

探子曾交代喇合將紅繩子綁在窗口上做標記，再將父母、兄弟，和父族全家集合在家裏。以色列軍攻城時，探子照著紅繩子的標記找到喇合一家，將他們平安帶出來安置。

被屠城的耶利哥城，從近處地上被斬首的眾多屍體即可想見其慘烈狀況，被兩位士兵架持而立、微低著頭的，正是妓女喇合，騎在馬上的約書亞，手指著喇合，似在交代著甚麼。

亞干的懲罰

約書亞記 7 10-12，16-26

耶和華對約書亞說：「起來！你的臉為何這樣俯伏呢？以色列犯了罪，又違背了我所吩咐他們的約，又取了當滅之物。他們又偷竊，又行詭詐，又把那當滅的物與自己的器皿放在一起。因此，以色列人在仇敵面前站立不住。他們在仇敵面前轉身逃跑，因為他們成了當滅的物。你們若不把當滅的物從你們中間除掉，我就不再與你們同在了。」

於是，約書亞清早起來，召以色列按著支派近前來。選出來的是猶大支派。他召猶大的宗族近前來，選出來的是謝拉宗族。他召謝拉宗族，按著男丁，一個一個近前來，選出來的是撒底。他召撒底的家族，按著男丁，一個一個近前來，就選出猶大支派，謝拉的曾孫，撒底的孫子，迦米的兒子亞干。約書亞對亞干說：「我兒，我勸你將榮耀歸給耶和華－以色列的上帝，在他面前認罪，把你所做的事告訴我，不可向我隱瞞。」亞干回答約書亞說：「我實在得罪了耶和華－以色列的上帝。這是我所做的：我在所奪取的財物中看見一件美好的示拿外袍，二百舍客勒銀子，一條重五十舍客勒的金子。我貪愛這些物件，就拿去了。看哪，這些東西都埋在我帳棚內的地裏，銀子在外袍底下。」

約書亞就派使者跑到亞干的帳棚裏。看哪，那件外袍藏在他的帳棚裏，銀子在外袍底下。他們從帳棚裏把這些東西取出來，拿到約書亞和以色列眾人那裏，倒在耶和華面前。約書亞和以色列眾人把謝拉的曾孫亞干和那銀子、那件外袍、那條金子，以及亞干的兒女、牛、驢、羊、帳棚，和他所有的，都帶著上到亞割谷去。約書亞說：「你為甚麼給我們招惹災禍呢？今日耶和華必使你遭受災禍。」於是以色列眾人用石頭打死他，用火焚燒他們，把石頭扔在其上。眾人在亞干身上堆了一大堆石頭，直存到今日。於是耶和華轉意，不發他的烈怒。因此，那地方名叫亞割谷，直到今日。

***

上帝曾命令以色列人不可拿必須毀滅的戰利品，亞干違命招來神的憤怒，導致他們在攻打小城艾城時意外戰敗，艾城的人追擊他們，在下坡的地方殺死了三十六人。以色列人因此勇氣盡失。約書亞不明就裡，悲痛的向上帝求問，才抓出了罪魁禍首亞干。

畫裏是已然死去的亞干，他的屍身上疊壘著石塊，昏暗的谷地中，有鴉群盤飛而來，顯得詭異非常。

G^ve Doré
H. PISAN

焚毀艾城

約書亞記 8 18-29

耶和華對約書亞說:「你向艾城伸出手裏的標槍，因為我要把那城交在你手裏。」約書亞就向那城伸出手裏的標槍。他一伸手，伏兵立刻從埋伏的地方衝出來，直攻入城，奪了它，立刻放火燒城。

艾城的人回頭，往後一看，看哪，城中煙氣沖天，他們向這邊或那邊都無處可逃。往曠野逃跑的百姓就轉身攻擊那些追趕他們的人。約書亞和以色列眾人見伏兵已經奪了城，城中煙氣上騰，就轉身擊殺艾城的人。伏兵也出城追擊他們，他們就被以色列人前後夾攻，四面受敵。於是以色列人擊殺他們，沒有留下一個倖存者，也沒有一個逃脫。以色列人生擒了艾城的王，把他解到約書亞那裏。

以色列人在田間和曠野殺盡了追趕他們的艾城所有的居民。他們全倒在刀下，直到滅盡。以色列眾人就回到艾城，用刀殺了城中的人。當日殺死的人，連男帶女共有一萬二千，這也是艾城所有的人。約書亞沒有收回手裏所伸出來的標槍，直到他滅絕艾城所有的居民。只是牲畜和城內所奪的財物，以色列人都照耶和華所吩咐約書亞的話，取為自己的掠物。

約書亞焚燒艾城，使城成為永遠的廢墟，直到今日還是荒涼。他把艾城的王掛在樹上，直到晚上。日落的時候，約書亞吩咐人把屍首從樹上取下來，丟在城門口，並在屍首上堆了一大堆石頭，直存到今日

***

亞干受到懲罰後，上帝要以色列人再次攻打艾城，承諾會讓他們取得勝利。

畫面呈現的是艾城大戰後的場景，約書亞正率領著部隊士兵離城而去，而遠處的艾城已是一片火海，濃煙高竄天際。

擊敗亞摩利聯軍

約書亞記 10 5-11

於是五個亞摩利王，就是耶路撒冷王、希伯崙王、耶末王、拉吉王和伊磯倫王，聯合上去，率領他們所有的軍隊，對著基遍安營，要攻打基遍。

基遍人就派人到吉甲的營中約書亞那裏，說：「不要袖手不顧你的僕人，求你趕快上來拯救我們，幫助我們，因為住山區亞摩利人的諸王已經聯合來攻擊我們。」

於是約書亞和所有跟他一起作戰的士兵，以及大能的勇士，從吉甲上去。耶和華對約書亞說：「不要怕他們， 因為我已將他們交在你手裏，他們沒有一人能在你面前站立得住。」

約書亞就連夜從吉甲上去，猛然襲擊他們。耶和華使他們在以色列人面前潰亂。約書亞在基遍大大擊殺他們，在伯・和崙的上坡路上追趕他們，擊殺他們，直到亞西加和瑪基大。他們在以色列人面前逃跑。正在伯・和崙下坡的時候，耶和華從天上降下大冰雹在他們身上，直降到亞西加，打死他們。被冰雹打死的，比以色列人用刀殺死的還多。

***

以色列人勝利的消息傳遍各地，各方民族都恐懼不已，聯合起來要對付以色列人。唯獨基遍人沒有加入聯軍，與約書亞訂下了友好條約。

一整個奔逃潰敗的場面，奔逃的人馬、噴飛如石頭的冰雹，由內而外，由中心向四方射出，張力十足。

停住的太陽與月亮

約書亞記 10 12-20

當耶和華將亞摩利人交給以色列人的那一日，約書亞向耶和華說話，在以色列人眼前說：

「太陽啊，停在基遍；月亮啊，停在亞雅崙谷。」

太陽就停住，月亮就止住，直到國民向敵人報仇。

這事豈不是寫在《雅煞珥書》上嗎？太陽停在天空當中，沒有急速下落，約有一整天。在這日以前，這日以後，耶和華聽人的聲音，沒有像這日的，這是因為耶和華為以色列作戰。約書亞和跟他一起的以色列眾人回到吉甲的營中。

那五個王逃跑，躲在瑪基大洞裏。有人告訴約書亞說：「那五個王已經找到了，都躲在瑪基大洞裏。」約書亞說：「你們把幾塊大石頭滾到洞口，派人在那裏看守他們。你們卻不可停留，要追趕你們的仇敵，從後面攻擊他們，不讓他們進到自己的城鎮，因為耶和華－你們的上帝已經把他們交在你們手裏。」約書亞和以色列人徹底擊敗他們，直到把他們滅盡，只剩下少許的人逃進堅固的城。

***

這是一場受到上帝支助的戰爭，圖畫展現了上帝的大能，讓日月的運轉停住，光芒持續照耀，使得以色列人作戰勝利。

西西拉被雅億所殺

士師記 4　4-22

有一位女先知底波拉，是拉比多的妻子，當時作以色列的士師。她住在以法蓮山區拉瑪和伯特利的中間，在底波拉的棕樹下。以色列人都上到她那裏去聽審判。她派人從拿弗他利的基低斯把亞比挪菴的兒子巴拉召來，對他說：「耶和華－以色列的上帝吩咐你：『你要率領一萬拿弗他利人和西布倫人上他泊山去。我必使耶賓的將軍西西拉率領他的戰車和全軍往基順河，到你那裏去，我必把他交在你手中。』」巴拉對她說：「你若同我去，我就去；你若不同我去，我就不去。」底波拉說：「我一定會與你同去，然而你在所行的路上必得不著榮耀，因為耶和華要把西西拉交給一個婦人的手裏。」於是底波拉起來，與巴拉一同往基低斯去了。巴拉召集西布倫人和拿弗他利人到基低斯，跟他上去的有一萬人。底波拉也同他上去。

摩西岳父何巴的後裔，基尼人希百離開了基尼族，到靠近基低斯的撒拿音橡樹旁支搭帳棚。

有人告訴西西拉：「亞比挪菴的兒子巴拉已經上了他泊山。」西西拉就召集所有的鐵戰車九百輛和隨從的全軍，從夏羅設・哈歌印出來，到了基順河。

底波拉對巴拉說：「起來，今日就是耶和華把西西拉交在你手中的日子。耶和華豈不在你前面行嗎？」於是巴拉下了他泊山，跟隨他的有一萬人。

耶和華使西西拉和他一切的戰車，以及全軍潰亂，在巴拉面前倒在刀下。西西拉下了車，徒步逃跑。巴拉追趕戰車、軍隊，直到夏羅設・哈歌印。西西拉的全軍都倒在刀下，一個也沒有留下。

只有西西拉徒步逃跑到基尼人希百之妻雅億的帳棚，因為夏瑣王耶賓與基尼人的希百家和平共處。雅億出來迎接西西拉，對他說：「請我主進來，進到我這裏來，不要怕。」西西拉就進了她的帳棚，雅億用被子將他蓋住。西西拉對雅億說：「我渴了，求你給我一點水喝。」雅億就打開裝奶的皮袋，給他喝，再把他蓋住。西西拉對雅億說：「請你站在帳棚門口，若有人來問你說：『有人在這裏嗎？』你就說：『沒有。』」西西拉疲乏沉睡了。希百的妻雅億取了帳棚的橛子，手拿著鍾子，靜悄悄地到他那裏，將橛子從他的太陽穴釘進去，直釘到地裏。西西拉就死了。看哪，巴拉追趕西西拉，雅億出來迎接他，對他說：「來，我給你看你要找的人。」他就進入帳棚，看哪，西西拉已經倒在地上死了，橛子還在他的太陽穴中。

***

又是一場受到上帝耶和華支助的戰爭，讓擁有九百輛鐵戰車的將軍西西拉一路潰敗，甚至最後是死在一個女人的手上。這幅插畫正是描述了這個主題，此時的雅億正拉開帷幕向巴拉示意，揭露了躺在地上已然死絕的西西拉。

G. Doré
A. Ligny

底波拉之歌

士師記 5　2-5，24-31

「以色列有領袖率領，百姓甘心犧牲自己，你們當稱頌耶和華！

「君王啊，要聽！王子啊，要側耳！我要，我要向耶和華歌唱；我要歌頌耶和華－以色列的上帝。

「耶和華啊，你從西珥出來，從以東田野向前行，地震動，天滴下，雲也滴下雨水。眾山在耶和華面前搖動，西奈山在耶和華－以色列上帝面前也搖動。

「願基尼人希百的妻子雅億比眾婦人多得福氣，比帳棚中的婦人更蒙福祉。

「西西拉求水，雅億給他奶，用貴重的碗裝乳酪給他。

「雅億左手拿著帳棚的橛子，右手拿著工匠的錘子，擊打西西拉，打碎他的頭，打破穿透他的太陽穴。

「西西拉在她腳下曲身，仆倒，躺臥，在她腳下曲身，仆倒；他在哪裏曲身，就在哪裏仆倒，死亡。

「西西拉的母親從窗戶裏往外觀看，她在窗格子中哀號：『他的戰車為何遲遲未歸？他的車輪為何走得那麼慢呢？』

「她聰明的宮女回答她，她也自言自語說：

『或許他們得了戰利品而分，每個壯士得了一兩個女子？西西拉得了彩衣為擄物，得了繡花的彩衣為掠物，這兩面繡花的彩衣，披在頸項上作為戰利品。』

「耶和華啊，願你的仇敵都這樣滅亡！願愛你的人如太陽上升，大發光輝！」

於是這地太平四十年。

***

西西拉死後，上帝使以色列人制伏迦南王耶賓。從此，以色列人愈來愈強大，勝過迦南王耶賓，直到把他消滅，女士師底波拉於是唱了這首歌。

圖描繪的是一個女性形象，她站在畫面中間，手舉著，臉上洋溢著激情，而在圖畫的兩邊，則站著那些饒有興趣，且注意力深刻的聽眾。

基甸選擇士兵

士師記 7 1-8

耶路巴力，就是基甸，和所有跟隨他的人早晨起來，在哈律泉旁安營。米甸營在他北邊，靠近摩利岡的平原。

耶和華對基甸說：「跟隨你的人太多，我不能把米甸交在他們手中，免得以色列向我自誇，說：『是我自己的手救了我。』現在你要向這百姓宣告說：『凡懼怕戰兢的，可以離開基列山回去。』」於是有二萬二千人回去，只剩下一萬人。

耶和華對基甸說：「人還是太多。你要帶他們下到水旁，我好在那裏為你試試他們。我指著誰對你說：『這人可以跟你去』，他就可以跟你去；我指著誰對你說：『這人不可跟你去』，他就不可跟你去。」基甸就帶百姓下到水旁。

耶和華對基甸說：「凡用舌頭舔水像狗一樣舔的，要使他單獨站在一處；那些用雙膝跪下喝水的，也要使他單獨站在一處。」用手捧到嘴邊舔水的數目有三百人，其餘的百姓都用雙膝跪下喝水。耶和華對基甸說：「我要用這舔水的三百人拯救你們，把米甸交在你手中；其餘的百姓都可以各回自己的地方去。」

百姓手裏拿著食物和角；其餘的以色列人，基甸都打發他們各自回到自己的帳棚，只留下這三百人。米甸營在他下邊的平原上。

***

以色列人民拜亞摩利人的神明，得罪了上帝，上帝把他們交在米甸人手裏七年；每當以色列人播種，米甸人就夥同亞瑪力人和曠野的遊牧部族來攻擊他們。上帝向基甸顯現，要他解救以色列脫離米甸人。

畫裏眾士兵沿著水邊飲水，只見多數人匍匐而飲，一直延伸至遠處水邊都可見叢立人影，而右邊騎在馬背上的基甸，正微低著頭看著飲水的眾人。

向米甸人進擊

士師記 7 16-25

於是基甸將三百人分成三隊，把角和空瓶交在每個人手中，瓶內有火把。他對他們說：「看著我，你們要照樣做。看哪，我來到營邊，我怎樣做，你們也要照樣做。我和所有跟隨我的人吹角的時候，你們也要在營的四圍吹角，喊叫：『為耶和華！為基甸！』」

基甸和跟隨他的一百人，在半夜之初換崗哨的時候來到營旁。他們就吹角，打破手中的瓶；三隊的人都吹角，打破瓶子。他們左手拿著火把，右手拿著吹的角，喊叫：「耶和華和基甸的刀！」他們圍著軍營，各人站在自己的地方；全營的人都逃竄，一面喊，一面逃跑。

三百人就吹角，耶和華使全營的人用刀自相擊殺。全營的人逃往西利拉的伯．哈示他，一直逃到靠近他巴的亞伯．米何拉。從拿弗他利、亞設和瑪拿西全地來的以色列人被召來，追趕米甸人。基甸也派人走遍以法蓮山區，說：「你們下來迎擊米甸人，在他們的前面沿著約旦河把守渡口，直到伯．巴拉。」於是以法蓮眾人聚集，沿著約旦河把守渡口，直到伯．巴拉。

他們捉住了米甸的兩個領袖，俄立和西伊伯。他們在俄立磐石上殺了俄立，在西伊伯酒池那裏殺了西伊伯。他們追趕米甸人，把俄立和西伊伯的首級帶到約旦河對岸，到基甸那裏。

***

米甸人遍佈谷中，像蝗蟲那麼多。上帝吩咐基甸潛進敵營偷聽米甸人談話：「我夢見一塊大麥麵包滾進我們的營地，撞到帳棚，帳棚就垮了。」另一士兵回答：「那是以色列人基甸的刀！上帝把米甸全軍都交在他手裏。」基甸因此重獲信心。

這是以寡擊眾的最佳寫照，基甸僅以三百隨從，便讓米甸人潰敗而逃。畫面是昏暗的夜色，遠處山坡處只見舉著火把步行而來的人影，近處只見昏暗中四散雜沓、倉皇奔逃的人。

耶路巴力之子的死亡

士師記 9　1-6

耶路巴力的兒子亞比米勒到示劍他的母舅那裏，對他們和他外祖父全家的人說：「請你們問示劍所有的居民：『是耶路巴力的眾兒子七十人都治理你們好，還是一人治理你們好呢？』你們要記得，我是你們的骨肉。」

他的母舅們為他把這一切話說給示劍所有的居民聽，他們的心就傾向亞比米勒，因為他們說：「他是我們的弟兄。」

他們從巴力・比利土的廟中取了七十銀子給亞比米勒，亞比米勒用這些錢雇了一些無賴匪徒跟隨他。他來到俄弗拉他父親的家，在一塊磐石上把他的兄弟，就是耶路巴力的七十個兒子都殺了，只剩下耶路巴力的小兒子約坦，因為他躲了起來。

示劍所有的居民和全伯・米羅都聚集在一起，到示劍橡樹旁的柱子那裏，立亞比米勒為王。

***

基甸在世之日，境內太平四十年。基甸死後，以色列人民又離棄上帝，去拜別神，他們也不因基甸為以色列人所做的好事而善待他的家。

這是一幕兄弟相殘的畫面。雖然基甸（耶路巴力）已說過，自己與其眾子不會做為以色列人的領袖，但他的兒子亞比米勒卻私藏野心，等基甸一過世，他便向母親的外家求援，甚至殘殺了自己同父異母的兄弟。這幅畫近處畫著已死或將死的基甸眾子，遠處則有一隊持槍離去的隊伍。

G. Doré
H. PISAN

亞比米勒之死

士師記 9 22-24，46-57

亞比米勒治理以色列三年。上帝派邪靈到亞比米勒和示劍居民中間，示劍居民就以詭詐待亞比米勒。這是要使耶路巴力七十個兒子受害所流的血，歸於他們的兄弟亞比米勒，因他殺害他們，也歸於那些出手幫助他殺害兄弟的示劍居民。

示劍城樓裏所有的居民聽見了，就進入伊勒・比利土廟的地窖裏。有人告訴亞比米勒，示劍城樓裏所有的居民都聚在一起。亞比米勒和所有跟隨他的百姓都上撒們山去。亞比米勒手拿斧子，砍下一根樹枝，舉起來，扛在肩上，對跟隨他的百姓說：「你們看我做甚麼，就趕快照樣做。」眾百姓也都各砍一根樹枝，跟亞比米勒走，把樹枝堆在地窖上，放火燒地窖。這樣，示劍城樓裏所有的人都死了，男女約有一千。

亞比米勒到提備斯，對著提備斯安營，攻取了那城。城中有一座堅固的樓；城裏所有的居民，無論男女，都逃到那裏，關上門，上了樓頂。亞比米勒到了樓前，攻打它。他挨近樓門，要放火焚燒。有一個婦人把一塊上磨石拋在亞比米勒的頭上，打破了他的頭蓋骨。

他就急忙叫拿他兵器的青年來，對他說：「拔出你的刀來，殺了我吧！免得有人提到我說：『他被一個婦人殺了。』」於是那青年把他刺透，他就死了。

以色列人見亞比米勒死了，就各回自己的地方去了。這樣，上帝報應了亞比米勒向他父親所做的惡事，就是殺了自己七十個兄弟。示劍人的一切惡事，上帝也都報應在他們頭上；耶路巴力的兒子約坦的詛咒都臨到他們身上了。

***

倖存的約坦在山頂上對示劍人呼喊：「願示劍人和米羅人放火燒掉亞比米勒。」亞米比勒日後的遭遇，正好應驗了約坦的預言。

這是報應的最佳例子吧！插圖中只見亞比米勒仰躺在地，頭部流淌出鮮血，近處正是那塊砸破他腦袋的石頭。他伸出雙手探向身邊持劍的人，好似在祈求著，而那人看著他正拔劍出鞘。右旁樓塔之下，一名士兵正伸手仰頭探望，從他仰視的角度，可見塔樓之高。

耶弗他的女兒

士師記 11 29-34

耶和華的靈降在耶弗他身上，他就經過基列和瑪拿西，經過基列的米斯巴，又從基列的米斯巴過到亞捫人那裏。

耶弗他向耶和華許願，說：「你若真的將亞捫人交在我手中，我從亞捫人那裏平平安安回來的時候，無論誰先從我家門出來迎接我，就要歸給耶和華，我必將他獻上作為燔祭。」於是耶弗他往亞捫人那裏去，與他們爭戰。耶和華將他們交在他手中，他就徹底擊敗他們，從亞羅珥到米匿，直到亞備勒．基拉明，攻取了二十座城。這樣，亞捫人就在以色列人面前被制伏了。

耶弗他回米斯巴去，到了自己的家，看哪，他女兒拿著手鼓跳舞出來迎接他。她是耶弗他的獨生女，除她以外，沒有別的兒女。

***

亞米比勒死後，以色列人仍舊沒有回轉向神，仍繼續祭拜異族的神明。上帝向以色列人發怒，把他們交在亞捫人手裏。耶弗他受以色列長老之託，挺身帶領以色列人跟亞捫人作戰。

這段敘述描述了一個悲慘事件：一個想要讚美和祝賀父親的女兒，在不知不覺中使父親陷入了最深的痛苦。插圖描繪了女兒和同伴們一起歡慶勝利，並熱切地歡迎父親的歸來，因為他獲得了勝利。

G. Doré
PANNEMAKER-DOMS. Sc.

耶弗他的女兒和她的同伴

士師記 11 35-40

耶弗他一看見她，就撕裂衣服，說：「哀哉！我的女兒啊，你使我非常悲痛，叫我十分為難了。因為我已經向耶和華開了口，不能收回。」

他女兒對他說：「我的父親啊，你既向耶和華開了口，就當照你口中所說的向我行，因為耶和華已經在你的仇敵亞捫人身上為你報了仇。」她又對父親說：「我只求你這一件事，給我兩個月，讓我和同伴下到山裏，好為我的童貞哀哭。」耶弗他說：「你去吧！」他就讓她離開兩個月。

她和同伴去了，在山裏為她的童貞哀哭。過了兩個月，她回到父親那裏，父親就照所許的願向她行了。她從來沒有親近男人。於是以色列中有個風俗，每年按著日期以色列的女子要去為基列人耶弗他的女兒哀哭四天。

***

畫家在此專注地表現主角哀傷的心情，畫中每一個人物的姿態和表情，都與前一幅插圖形成了鮮明對比。

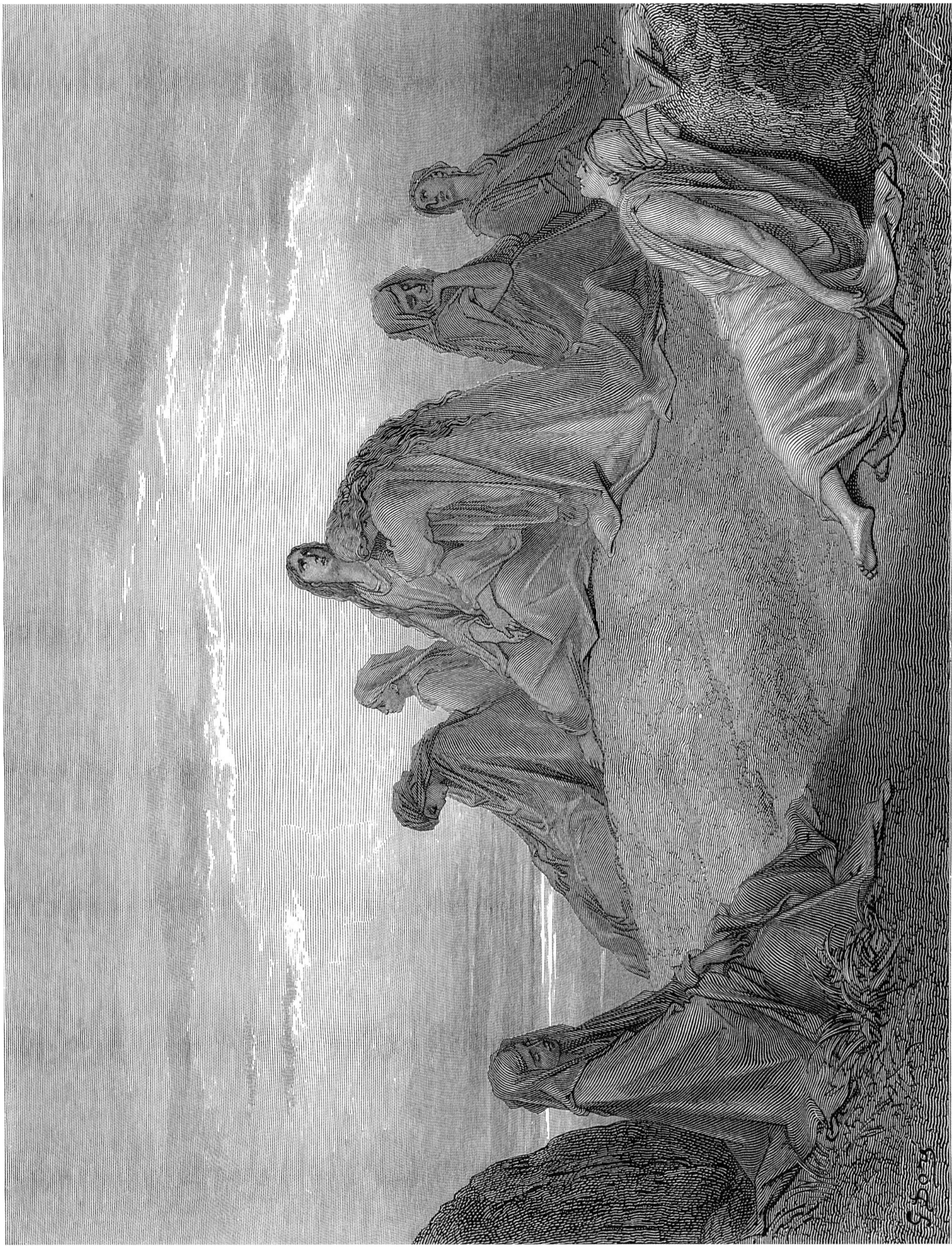

參孫獵殺獅子

士師記 14　5-6

參孫跟他父母下亭拿去，他們到了亭拿的葡萄園。

看哪，有一隻少壯獅子對著他吼叫。耶和華的靈大大感動參孫，他就手無寸鐵撕裂獅子，如撕裂小山羊一樣。他做這事，並沒有告訴他的父母親。

***

戰勝亞們人後，以色列人再次行悖逆得罪了上帝，上帝就讓非利士人統治他們四十年。某天，天使向瑪挪亞的妻子顯現，預言她將懷孕生子，這個兒子將解救以色列脫離非利士人。天使所說的人便是參孫。

這幅插圖闡述了參孫第一次表現出非凡的力量。

在前往亭拿去的路上，一隻少壯的獅子向他吼叫，而參孫沒有同伴，又沒有兵器。但在這種情況下，參孫被賦予了力量，於是這位年輕的英雄抓住了這隻憤怒的野獸，像對待一隻山羊般輕易地把牠的下顎撕開。

G. Doré
Piaud.

參孫以驢腮骨擊殺非利士人

士師記 15　1-17

過了些日子，在割麥子的時候，參孫帶著一隻小山羊去探望他的妻子，說：「我要進內室到我妻子那裏。」他岳父不許他進去。他岳父說：「我以為你極其恨她，因此我把她給了你的同伴。她妹妹不是比她更美麗嗎？你可以娶來代替她！」參孫對他們說：「這一次我若加害非利士人，就不算是我的錯了。」於是參孫去捉了三百隻狐狸，把牠們的尾巴一對一對地綁住，再將火把綁在兩條尾巴中間。他點著火把，把狐狸放進非利士人直立的莊稼，把堆積的禾捆和直立的莊稼，葡萄園、橄欖園全都燒了。

非利士人說：「這事是誰做的呢？」有人說：「是亭拿人的女婿參孫做的，因為他岳父把他的妻子給了他的同伴。」於是非利士人上去，用火燒了女子和她的父親。參孫對他們說：「你們既然這麼做，我必向你們報仇才肯罷休。」參孫狠狠擊殺他們，把他們連腿帶腰都砍了。過後，他就下去，住在以坦巖的石洞裏。

非利士人上去，安營在猶大，侵犯利希。猶大人說：「你們為何上來攻擊我們呢？」他們說：「我們上來是要捆綁參孫，照他向我們所做的對待他。」於是，三千猶大人下到以坦巖的石洞裏，對參孫說：「非利士人轄制我們，你不知道嗎？你向我們做的是甚麼事呢？」他說：「他們向我怎樣做，我也要向他們怎樣做。」猶大人對他說：「我們下來是要捆綁你，把你交在非利士人手中。」參孫說：「你們要向我起誓，你們自己不殺害我。」他們說：「我們絕不殺你，只把你捆綁，交在非利士人手中。」於是他們用兩條新繩綁住參孫，把他從以坦巖帶上去。

參孫到了利希，非利士人對著他喊叫。耶和華的靈大大感動參孫，他手臂上的繩子就像著火的麻一樣，綁他的繩子從他手上脫落下來。他找到一塊未乾的驢腮骨，就伸手拾起來，用它殺了一千人。參孫說：

「用驢腮骨，一堆又一堆；用驢腮骨，我殺了一千人。」

說完這話，就把那腮骨從手裏拋出去。因此，那地叫作拉末・利希。

***

參孫不顧父母反對，要娶非利士女子為妻。婚宴中，參孫給非利士人出了道謎題，參孫的妻子卻偷偷將謎底洩漏給非利士同族，參孫一氣之下殺了三十個非利士人，丟下妻子回家去。不久後，參孫回去找妻子，才得知岳父已將她嫁給別人。

畫中所呈現的是一場不可思議的對戰場面，是一人以一塊骨頭對戰千人的場面。畫面中略偏右的地方，可見參孫手高持驢骨、腿弓箭而立，一副勢不可擋的模樣，周遭的非利士人則被他擊殺墜下山崖。

參孫拔掉了迦薩的城門

士師記 16 1-3

參孫到了迦薩，在那裏看見一個妓女，就與她親近。

有人告訴迦薩人說：「參孫到這裏來了！」他們就包圍起來，整夜在城門埋伏等著他。他們整夜靜悄悄地，說：「等到天一亮我們就殺他。」

參孫睡到半夜，在半夜起來，抓住城門的門扇和兩個門框，把它們和門閂一起拆下來，扛在肩上，抬到希伯崙前面的山頂上。

***

非利士人統治以色列期間，參孫作以色列的士師（類似以色列人的政治領袖），管理以色列人近二十年的時間。

畫裏是天光剛透出雲靄的暗夜時分，參孫揹著諾大的城門，正緩步走上山頂。

G. Doré
C. LAPLANTE

參孫和大利拉

士師記 16 4-20

這事以後，參孫在梭烈谷愛上了一個女子，名叫大利拉。非利士人的領袖上去，到那女子那裏，對她說：「請你哄騙參孫，探出他為何有這麼大的力氣，以及我們要用甚麼方法才能勝他，將他捆綁制伏。我們就每人給你一千一百塊銀子。」

大利拉對參孫說：「請你告訴我，你為何有這麼大的力氣，要用甚麼方法才能捆綁制伏你。」參孫對她說:「若用七條未乾的新繩子捆綁我，我就像平常人一樣軟弱。」於是非利士人的領袖拿了七條未乾的新繩子來，交給她，她就用繩子捆綁參孫。當時，埋伏的人正在她的內室等著。她對參孫說：「參孫，非利士人來捉你了！」

參孫就掙斷繩子，繩子如遇到火的麻線斷裂一樣。這樣，人還是不知道他的力量從哪裏來。

大利拉對參孫說：「看哪，你欺騙我，對我說謊。現在請你告訴我，要用甚麼方法才能捆綁你。」參孫對她說：「若用未曾用過的新繩子捆綁我，我就像平常人一樣軟弱。」大利拉就用新繩子捆綁他，對他說：「參孫，非利士人來捉你了！」當時，埋伏的人在內室等著。

參孫掙斷手臂上的繩子，如掙斷一條線一樣。

大利拉對參孫說：「你到現在還是欺騙我，對我說謊。請你告訴我，要用甚麼方法才能捆綁你。」參孫對她說：「只要用織布的線將我頭上的七條髮綹編織起來就可以了。」於是大利拉用梭子將他的髮綹釘住，對他說：「參孫，非利士人來捉你了！」

參孫從睡中醒來，將織布機上的梭子和織布的線一齊都拔出來了。

大利拉對參孫說：「你既不與我同心，怎麼能說『我愛你』呢？你這三次欺騙我，不告訴我，你為甚麼有這麼大的力氣。」大利拉天天用話催逼他，糾纏他，他就心裏煩得要死，終於把心中的一切都告訴她。參孫對她說：「從來沒有人用剃刀剃我的頭，因為我一出母胎就歸給上帝作拿細耳人。若有人剃了我的頭髮，我的力氣就會離開我，我就像平常人一樣軟弱。」

大利拉見他說出了心中的一切，就派人去召非利士人的領袖，說：「請再上來一次，因為他已經說出了心中的一切。」於是非利士人的領袖手裏拿著銀子，上到她那裏。大利拉哄參孫睡在她的膝上，叫一個人來剃掉參孫頭上的七條髮綹。於是大利拉開始制伏參孫，他的力氣就離開他了。大利拉說：「參孫，非利士人來捉你了！」

參孫從睡中醒來，說：「我要像前幾次一樣脫身而去。」他卻不知道耶和華已經離開他了。

***

畫中參孫抬起頭來，一隻手拿著那些髮綹，表明那是他所有非凡成就的原因，而那再三哄騙的女人則雙手合十，僅帶著一種溫順安靜的期待神情站在他身邊。

參孫之死

士師記 16 21-31

非利士人逮住他，挖了他的眼睛，帶他下到迦薩，用銅鏈鎖住他，叫他在監獄裏推磨。然而他的頭髮被剃以後，又開始長起來了。

非利士人的領袖聚集，要向他們的神明大衮獻大祭，並且慶祝，說：「我們的神明把我們的仇敵參孫交在我們手中了。」眾人看見參孫，就讚美他們的神明說：「我們的神明把那毀壞我們的地、殺害我們許多人的仇敵交在我們手中了。」他們心裏高興的時候，就說：「叫參孫來，逗我們歡樂。」於是他們把參孫從監獄裏提出來，在他們面前戲耍。

他們叫他站在兩根柱子中間。參孫對牽他手的童僕說：「讓我摸摸支撐這廟宇的柱子，我要靠一靠。」那時廟宇內充滿男女，非利士人的眾領袖也都在那裏，屋頂上約有三千男女觀看參孫逗他們歡樂。

參孫求告耶和華說：「主耶和華啊，求你眷念我。上帝啊，就這一次，求你賜給我力量，使我向非利士人報那挖我雙眼的仇。」參孫抱住中間支撐廟宇的兩根柱子，左手抱一根，右手抱一根。然後他說：「讓我與非利士人一起死吧！」他盡力彎腰，廟宇就倒塌了，壓住領袖和廟宇內的眾人。

這樣，參孫死的時候所殺的人比活著所殺的還多。他的兄弟和他父親的全家都下去收他的屍首，抬上去，葬在瑣拉和以實陶中間、他父親瑪挪亞的墳墓裏。參孫作以色列的士師二十年。

***

圖中描述了參孫悲慘的結果。參孫彎下腰來，兩臂各頂住一根柱子，整座建築立刻轟然倒塌。畫家所描繪的斷掉的柱子和翻滾的柱頭、逃走的人群，以及造成這場毀滅的那個彎著腰的人物，生動地展現了現場恐怖氛圍。

G. Doré
G. Laplante.

被凌虐致死的妾

士師記 19 16-27

看哪，晚上有一個老人從田間做工回來。他是以法蓮山區的人，寄居在基比亞；那地方的人是便雅憫人。老人舉目看見那過路的人在城裏的廣場上，就說：「你從哪裏來？要到哪裏去？」他對他說：「我們從猶大的伯利恆過來，要到以法蓮山區的邊界去。我是那裏的人，去了猶大的伯利恆，現在要到耶和華的家去，卻沒有人接待我到他的家。其實我有飼料草料可以餵驢，我和你的使女，以及與我們在一起的僕人都有餅有酒，甚麼都不缺。」

老人說：「願你平安！你所需用的我都會給你們，只是不可在廣場上過夜。」於是老人領他到家裏，餵上驢。他們洗了腳，就吃喝起來。

他們心裏歡樂的時候，看哪，城中的無賴圍住房子，連連叩門，對老人，這家的主人說：「把那進你家的人帶出來，我們要與他交合。」這家的主人出來對他們說：「弟兄們，不要做這樣的惡事。這人既然進了我的家，你們就不要做這樣可恥的事。看哪，我有個女兒還是處女，還有這人的妾，我把她們領出來任由你們污辱她們，就照你們看為好的對待她們吧！但對這人你們不要做這樣可恥的事。」那些人卻不肯聽從他。那人抓住他的妾，把她拉出去給他們。他們強姦了她，整夜凌辱她，直到早晨，天色快亮才放她走。到了早晨，婦人回來，仆倒在留她主人住宿的那人的家門前，直到天亮。

早晨，她的主人起來開了門，出去要上路。看哪，那婦人，他的妾倒在屋子門前，雙手搭在門檻上。

***

參孫死後、以色列人沒有王，所有人任意妄行。有個利未人的妾離家出走，回到伯利恆娘家住了四個月。利未人接了他的妾回家時，行經治安敗壞的基比亞，好心的老人囑咐他們別在街上逗留，並招待他們到家中借住一晚。

接下來，便是回家中途所發生的事。畫中是已然癱倒在住宿人家門前的妾，她的丈夫（主人）正開了門，訝然地看著她。

G. Doré
H. PISAN.

帶死去的妾回家

士師記 19　28-30

他對婦人說：「起來，我們走吧！」婦人卻沒有回應。

那人就將她馱在驢上，起身回自己的地方去了。

到了家裏，他拿刀，抓住他的妾，把她的屍身切成十二塊，分送到以色列全境。凡看見的人都說：「自從以色列人離開埃及地上來，直到今日，像這樣的事還沒有發生過，也沒有見過。大家應當想一想，商討一下再說。」

***

接續前篇故事，利未人的妾在惡徒的徹夜凌辱下死去，利未人只得將她的屍身以驢馱帶回家。利未人將妾的屍身送到以色列全境，想讓各個支派知道便雅憫人在基比亞行的惡事，希望以色列眾人能站出來懲治便雅憫人。

畫面正是表現此一場景，而利未人高舉的手，好像在說著某種心情。

G. Doré
H. PISAN.

擄走基列雅比的處女

士師記 21 1-12

以色列人在米斯巴曾起誓說：「我們中誰都不把女兒嫁給便雅憫人。」以色列人來到伯特利，坐在那裏直到晚上，在上帝面前放聲大哭，說：「耶和華－以色列的上帝啊，為何以色列中會發生這樣的事，使以色列今日缺了一個支派呢？」

次日，百姓清早起來，在那裏築了一座壇，獻燔祭和平安祭。以色列人說：「以色列各支派中，誰沒有同會眾一起上到耶和華那裏呢？」因為以色列人曾起重誓說：「凡不上米斯巴到耶和華那裏的，必被處死。」

以色列人憐憫他們的弟兄便雅憫，說：「如今以色列中斷絕一個支派了。我們既然向耶和華起誓說，必不把我們的女兒嫁給便雅憫人，現在我們該怎麼辦，使他們剩下的人可以娶妻呢？」

他們又說：「以色列支派中誰沒有上米斯巴到耶和華那裏呢？」看哪，基列的雅比沒有一人進營到會眾那裏，百姓被數點的時候，看哪，基列的雅比居民沒有一人在那裏。

會眾就派一萬二千名大勇士，吩咐他們說：「你們去用刀把基列的雅比居民連婦女帶孩子都殺了。這是你們當做的事：要把所有男人和曾與男人同房共寢的女人全都殺了。」他們在基列的雅比居民中，找到四百個未曾與男人同房共寢的處女，就帶她們到迦南地的示羅營裏。

***

以色列自出埃及後，從不曾出過基比亞那樣的罪行，他們聯合所有支派圍攻便雅憫人，將便雅憫支派殺到只剩下六百人。大戰之後，以色列人才後悔害得自己的手足幾乎滅絕。

以色列人因基比亞事件而起誓不將女兒嫁給便雅憫人，但又怕以色列這一支派滅絕。適時，討伐便雅憫時，基列雅比人均未參與，於是派人去基列雅比擄回了四百名處女。圖中被擄的處女不是掙扎，便是無望地看向遠方。

拿俄米和她的兒媳婦

路得記 1　1-19

士師統治的時候，國中有饑荒。在猶大的伯利恆，有一個人帶著妻子和兩個兒子往摩押地去寄居。這人名叫以利米勒，他的妻子名叫拿娥米；他兩個兒子，一個名叫瑪倫，一個名叫基連，都是猶大伯利恆的以法他人。他們到了摩押地，就住在那裏。後來拿娥米的丈夫以利米勒死了，剩下她和兩個兒子。兩個兒子娶了摩押女子，一個名叫俄珥巴，第二個名叫路得，在那裏住了約有十年。瑪倫和基連二人也死了，剩下拿娥米，沒有丈夫，也沒有兒子。

拿娥米與兩個媳婦起身，要從摩押地回去，因為她在摩押地聽見耶和華眷顧自己的百姓，賜糧食給他們。她和兩個媳婦就起行，離開所住的地方，上路回猶大地去。拿娥米對兩個媳婦說：「你們各自回娘家去吧！願耶和華恩待你們，像你們待已故的人和我一樣。願耶和華使你們各自在新的丈夫家中得歸宿！」

於是拿娥米與她們親吻，她們就放聲大哭，對她說：「不，我們要與你一同回你的百姓那裏去。」拿娥米說：「我的女兒啊，回去吧！為何要跟我去呢？我還能生兒子作你們的丈夫嗎？我的女兒啊，回去吧！我年紀老了，不能再有丈夫。就算我還有希望，今夜有丈夫，而且也生了兒子，你們豈能等著他們長大呢？你們能守住自己不嫁人嗎？我的女兒啊，不要這樣。我比你們更苦，因為耶和華伸手擊打我。」兩個媳婦又放聲大哭，俄珥巴與婆婆吻別，但是路得卻緊跟著拿娥米。

拿娥米說：「看哪，你嫂嫂已經回她的百姓和她的神明那裏去了，你也跟你嫂嫂回去吧！」

路得說：「不要勸我離開你，轉去不跟隨你。你往哪裏去，我也往哪裏去；你在哪裏住，我也在哪裏住；你的百姓就是我的百姓；你的上帝就是我的上帝。你死在哪裏，我也死在哪裏，葬在哪裏。只有死能使你我分離；不然，願耶和華重重懲罰我！」

拿娥米見路得決意要跟自己去，就不再對她說甚麼了。

於是二人同行，來到伯利恆。她們到了伯利恆，全城因她們騷動起來。婦女們說：「這是拿娥米嗎？」

***

這裏所描繪的是婆媳之間充滿愛的場景：俄珥巴轉過身，雙手放在臉上，而路得卻懷著剛烈的感情，緊緊地擁抱著她丈夫的母親。

G. Doré
PANNEMAKER-DOMS-SC

路得和波阿斯

路得記 2 1-17

拿娥米有一個親戚，是她丈夫以利米勒本族的人，名叫波阿斯，是個大財主。摩押女子路得對拿娥米說：「讓我到田裏去拾取麥穗，我在誰的眼中蒙恩，就跟在誰的身後。」拿娥米說：「女兒啊，你去吧。」路得就去了。她來到田間，在收割的人身後拾取麥穗。她恰巧來到以利米勒本族的人波阿斯那塊田裏。

看哪，波阿斯正從伯利恆來，對收割的人說：「願耶和華與你們同在！」他們對他說：「願耶和華賜福給你！」波阿斯對監督收割的僕人說：「那是誰家的女子？」監督收割的僕人回答說：「她是摩押女子，跟隨拿娥米從摩押地回來的。她說：『請你容許我拾取麥穗，在收割的人身後撿禾捆中掉落的麥穗。』她就來了，從早晨直到如今，除了在屋子裏坐一會兒，她都留在這裏。」

波阿斯對路得說：「女兒啊，聽我說，不要到別人田裏去拾取麥穗，也不要離開這裏，要緊跟著我的女僕們。你要看好我的僕人正在哪塊田收割，就跟著女僕們去。我已經吩咐僕人不可侵犯你。你渴了，可以到水缸那裏喝僕人打來的水。」

路得就臉伏於地叩拜，對他說：「我既是外邦女子，怎麼會在你眼中蒙恩，使你這樣照顧我呢？」

波阿斯回答她，說：「自從你丈夫死後，凡你向婆婆所行的，以及你離開父母和你的出生地，到素不相識的百姓中，這些事人都告訴我了。願耶和華照你所行的報償你。你來投靠在耶和華－以色列上帝的翅膀下，願你滿得他的報償。」

路得說：「我主啊，願我在你眼前蒙恩。我雖然不及你的一個婢女，你還安慰我，對你的婢女說關心的話。」

吃飯的時候，波阿斯對路得說：「你到這裏來吃些餅，把你的一塊蘸在醋裏。」路得就在收割的人旁邊坐下。波阿斯把烘了的穗子遞給她。她吃飽了，還有剩餘的。她又起來拾取麥穗，波阿斯吩咐僕人說：「她即使在禾捆中拾取麥穗，也不可羞辱她。你們還要從捆裏抽一些出來，留給她拾取，不可責備她。」這樣，路得在田間拾取麥穗，直到晚上。她把所拾取的麥穗打了約有一伊法的大麥。

***

以色列的法律規定，收割莊稼時，窮人可以跟在收割者身後，撿取他們落下來的稻穗。路得便是靠著這規定得以養活自己和婆婆。

畫家選擇了從波阿斯發現外地女子的情景作表現。美麗的少女路得彎下腰來，把散落的麥秸收起來，收割的人則把捆好的麥秸運走，波阿斯站在旁邊和監工說話，背景是駱駝群，這代表著他是富有的主人。

送回約櫃

撒母耳上6 1-9

耶和華的約櫃在非利士人之地七個月。非利士人召了祭司和占卜的來，說：「我們向耶和華的約櫃應當怎樣做呢？請指示我們要用甚麼方法把約櫃送回原處。」他們說：「若要將以色列上帝的約櫃送回去，不可空手送回，一定要給他獻賠罪的禮物，然後你們才可以得痊癒，並且知道他的手為何不離開你們。」非利士人說：「應當用甚麼獻為賠罪的禮物呢？」

他們說：「當按照非利士領袖的數目，獻五個金毒瘡和五個金老鼠，因為你們眾人和領袖所遭遇的都是一樣的災禍。當製造你們毒瘡的像和毀壞田地老鼠的像，並要將榮耀歸給以色列的上帝，或者他向你們和你們的神明，以及你們的田地，把手放輕些。你們為何硬著心，像埃及人和法老硬著心一樣呢？上帝豈不是嚴厲對付埃及，使埃及人釋放以色列人，他們就走了嗎？現在你們應當造一輛新車，把兩頭未曾負軛，還在哺乳的母牛套在車上，趕牛犢離開母牛，回家去。你們要把耶和華的約櫃放在車上，把所獻賠罪的金器裝在匣子裏，放在櫃旁，送走櫃子，讓它去。你們要觀察：車若直行過以色列的邊界，上到伯．示麥去，這大災禍就是耶和華降在我們身上的；若不然，我們就知道，這不是他的手擊打我們，而是我們偶然遭遇的。」

***

非利士人再次攻打以色列，他們不僅大敗以色列，還將約櫃擄去亞實突。此舉觸怒了神，上帝重重地懲罰亞實突，讓所有人民生了毒瘡。驚恐萬分的非利士人於是決定送還約櫃。

這幅插圖展現了一群收割者在工作中被打斷，對遠處約櫃的景象感到十分驚訝，因為他們看見一輛由母牛拉的馬車朝他們走來，而牛車上的約櫃被包覆在一層光芒中。畫家在前景人物的各種姿態上，顯示出一種令人驚奇的感受。

亞甲之死

撒母耳上 15 24-35

掃羅對撒母耳說：「我有罪了！我違背了耶和華的指示和你的命令；因為我懼怕百姓，聽從了他們的話。現在求你赦免我的罪，同我回去，我好敬拜耶和華。」撒母耳對掃羅說：「我不同你回去，因為你厭棄耶和華的命令，耶和華也厭棄你作以色列的王。」撒母耳轉身要走，掃羅抓住他外袍的衣角，外袍就斷裂了。

撒母耳對他說：「今日耶和華使以色列國與你斷絕，把這國賜給另一個比你更好的人。以色列的大能者必不說謊，也不後悔，因為他不是世人，絕不後悔。」掃羅說：「我有罪了。現在求你在我百姓的長老和以色列人面前尊重我，同我回去，我好敬拜耶和華－你的上帝。」於是撒母耳轉身跟隨掃羅回去，掃羅就敬拜耶和華。

撒母耳說：「把亞瑪力王亞甲帶到我這裏來。」亞甲就歡歡喜喜地來到他面前，說：「死亡的苦難必定過去了。」撒母耳說：「你既用刀使婦人喪子，你母親在婦人中也必照樣喪子。」於是，撒母耳在吉甲耶和華面前把亞甲砍碎了。

撒母耳回了拉瑪。掃羅上他所住的基比亞，回自己的家去了。撒母耳直到死的日子，再沒有見掃羅。但撒母耳為掃羅悲傷，因為耶和華遺憾立掃羅為以色列的王。

***

上帝透過撒母耳預言，將膏立便雅憫支派的掃羅作以色列的統治者，救他們脫離非利士人的手。上帝囑咐掃羅殺滅所有的亞瑪力人和牲畜，一樣都不可留下。掃羅卻沒殺亞甲，也留下了最好的牲畜和一些寶物。

掃羅失去了上帝的信任後，上帝藉撒母耳之手將亞甲處死。畫裏群情激憤的眾人將亞甲壓跪在撒母耳面前，亞甲面露期盼神色，而撒母耳看來冷漠以對。

掃羅和大衛

撒母耳上 18 1-16

大衛對掃羅說完了話，約拿單的心與大衛的心深相契合。約拿單愛大衛，如同愛自己的性命。那日掃羅留住大衛，不讓他回父家。約拿單愛大衛如同愛自己的性命，就與他立約。約拿單從身上脫下外袍，給了大衛，又把戰衣、刀、弓、腰帶都給了他。掃羅無論差遣大衛往何處去，他都做事精明。掃羅立他作軍隊的指揮官，眾百姓和掃羅的臣僕都看為美。

大衛打死了那非利士人，同眾人回來的時候，婦女們從以色列各城裏出來，歡歡喜喜，打鼓奏樂，唱歌跳舞，迎接掃羅王。眾婦女歡樂唱和，說：

「掃羅殺死千千，大衛殺死萬萬。」

掃羅非常憤怒，不喜歡這話。他說：「將萬萬歸給大衛，千千歸給我，只剩下王國沒有給他！」從這日起，掃羅就敵視大衛。

次日，從上帝來的邪靈緊抓住掃羅，他就在家中胡言亂語。大衛照常彈琴，掃羅手裏拿著槍。掃羅把槍一擲，心裏說：「我要將大衛刺透，釘在牆上。」大衛閃避了他兩次。

掃羅懼怕大衛，因為耶和華離開自己，與大衛同在。所以掃羅叫大衛離開自己，立他為千夫長，他就領兵出入。大衛所做的每一件事都精明，耶和華也與他同在。

掃羅見大衛做事精明，就更怕他。但以色列和猶大眾人都愛大衛，因為他領他們出入。

***

上帝向撒母耳顯現，預言將另立大衛作以色列的王——大衛來自便雅憫支派，是波阿斯和路得的曾孫。上帝與大衛同在，讓大衛屢建奇功，漸漸得了全以色列的愛戴。

畫家所描繪的場景是成為以色列國王掃羅的主要激情表現。他嫉妒大衛，一心想把他趕走，這種感覺主要來自民眾對大衛的愛戴。所以在回城後的第二天，他用一支槍對準了正在彈奏音樂的大衛的頭，而後者巧妙地躲過了這一關。

G. Doré
A. Ligny

大衛躍窗逃亡

撒母耳上 19 8-18

此後又有戰爭，大衛出去與非利士人打仗。他大大擊敗他們，他們就在他面前逃跑。從耶和華來的邪靈又降在掃羅身上，掃羅手裏拿槍坐在屋裏，大衛正用手彈琴。掃羅想要用槍刺透大衛，把他釘在牆上，他卻躲開掃羅，掃羅的槍刺入牆內。當夜大衛逃走，躲起來了。

掃羅派一些使者到大衛的房屋那裏守著他，等到天亮要殺他。大衛的妻子米甲對大衛說：「你今夜若不逃命，明日就要被殺。」於是米甲將大衛從窗戶縋下去，讓他走；大衛就逃走，躲起來了。米甲把家中的神像放在床上，頭枕在山羊毛的枕頭上，用衣服蓋起來。掃羅派一些使者去捉拿大衛，米甲說：「他病了。」掃羅又派一些使者去看大衛，說：「把他連床一起抬到我這裏，我好殺他。」使者進去，看哪，神像在床上，頭枕在山羊毛的枕頭上。掃羅對米甲說：「你為甚麼這樣欺騙我，放我仇敵逃走呢？」米甲對掃羅說：「他對我說：『你放我走吧，我何必要殺你呢？』」

大衛逃跑躲避，來到拉瑪的撒母耳那裏，把掃羅向他所行的事全告訴他。他和撒母耳就去，住在拿約。

***

掃羅忌妒大衛，想方設法要殺了他。他向大衛要求一百個非利士人的包皮，作為娶女兒米甲的聘禮，想藉非利士人的手除掉大衛。沒想到，大衛不但安然歸來，還殺了兩百個非利士人，順利迎娶米甲，成為掃羅的女婿。

為了求生，大衛只得在妻子米甲的幫助下躍窗逃亡。畫家在此表現出躍窗逃亡一景，大衛抓著垂下的布條順溜而下，他的妻子則神情擔憂地回頭向室內張望，彷彿怕被房門外的守衛發現了。

大衛饒掃羅的命

撒母耳上 24 1-22

掃羅追趕非利士人回來，有人告訴他說：「看哪，大衛在隱．基底的曠野。」掃羅就從全以色列中挑選三千精兵，往野山羊磐石的東邊去，尋索大衛和他的人。到了路旁的羊圈，在那裏有個洞，掃羅進去大解。

大衛和他的人正藏在洞裏的深處。大衛的人對大衛說：「看哪，這日子到了！耶和華曾對你說：『看哪，我要將你的仇敵交在你手裏，你可以照你看為好的對待他。』」大衛就起來，悄悄地割下掃羅外袍的衣角。

隨後大衛心中自責，因為他割下了掃羅的衣角。他對他的人說：「耶和華絕不允許我對我的主，耶和華的受膏者做這事，伸手害他，因為他是耶和華的受膏者。」大衛用這話勸阻他的人，不許他們起來害掃羅。掃羅起來，從洞裏出去，預備上路。

然後大衛也起來，從洞裏出去，呼喚掃羅說：「我主，我王！」掃羅回頭觀看，大衛就屈身，臉伏於地下拜。大衛對掃羅說：「你為何聽信人的讒言，說『看哪，大衛想要害你』呢？看哪，今日你親眼看見，在洞中耶和華將你交在我手裏。有人要我殺你，我卻愛惜你，說：『我不敢伸手害我的主，因為他是耶和華的受膏者。』我父啊，請看，看你外袍的衣角在我手中。我割下你外袍的衣角，卻沒有殺你。你知道，並且看見我沒有惡意要悖逆你。你雖然要獵取我的命，我卻沒有得罪你。願耶和華在你我中間判斷，願耶和華在你身上為我伸冤，我卻不親手加害於你。古人有句俗語說：『惡事出於惡人。』我卻不親手加害於你。以色列王出來要尋找誰呢？你要追趕誰呢？不過是一條死狗，一隻跳蚤而已。願耶和華作仲裁者，在你我中間判斷。願他鑒察，為我伸冤，救我脫離你的手。」

大衛向掃羅說完了這些話，掃羅說：「我兒大衛，這是你的聲音嗎？」於是掃羅放聲大哭，對大衛說：「你比我公義，因為你以善待我，我卻以惡待你。今日你已顯明是以善待我，因為耶和華將我交在你手裏，你卻沒有殺我。人若遇見仇敵，豈肯放他平安上路呢？願耶和華因你今日向我所做的，以善回報你。現在，看哪，我知道你一定會作王，以色列的國必要堅立在你手裏。現在你要指著耶和華向我起誓，你必不剪除我的後裔，必不從我父家除去我的名。」於是大衛向掃羅起誓，掃羅就回家去，大衛和他的人也上山寨去了。

***

透過一個深谷的對應交談，畫家將大衛與掃羅的互動利害關係表達得顯現無遺。畫家把國王和他的侍從們放在陡峭的懸崖頂上，而大衛則站在前面一個較低的高地上，只有少數追隨者在場，他舉起了王袍的碎片，向掃羅說出了自己的一片真心。

掃羅求問女巫

撒母耳上 28 3-20

那時撒母耳已經死了，以色列眾人為他哀哭，把他葬在他的本城拉瑪。掃羅曾在國內驅除招魂的和行巫術的人。非利士人集合，來到書念安營；掃羅集合以色列眾人在基利波安營。掃羅看見非利士的軍隊，就懼怕，心中大大戰兢。

掃羅求問耶和華，耶和華卻不藉夢，或烏陵，或先知回答他。掃羅吩咐臣僕說：「為我找一個招魂的婦人，我好去問她。」臣僕對他說：「看哪，在隱．多珥有一個招魂的婦人。」

於是掃羅改了裝，穿上別的衣服，帶著兩個人，夜裏去見那婦人。掃羅說：「請你用招魂的法術，把我所告訴你的死人，為我招上來。」婦人對他說：「看哪，你知道掃羅所做的，他從國中剪除招魂的和行巫術的。你為何為我的性命設下羅網，要害死我呢？」掃羅向婦人指著耶和華起誓說：「我指著永生的耶和華起誓，你必不因這事受罰。」婦人說：「我為你招誰上來呢？」他說：「為我招撒母耳上來。」

婦人看見撒母耳，就大聲喊叫。婦人對掃羅說：「你是掃羅，為甚麼欺騙我呢？」王對婦人說：「不要懼怕，你看見甚麼呢？」婦人對掃羅說：「我看見有神明從地裏上來。」掃羅說：「他是怎樣的形狀？」婦人說：「有一個老人上來，身穿長袍。」掃羅知道是撒母耳，就屈身，臉伏於地下拜。

撒母耳對掃羅說：「你為甚麼攪擾我，招我上來呢？」掃羅說：「我十分為難，因為非利士人攻擊我，上帝離開我，不再藉先知或夢回答我。因此請你上來，好指示我應當怎樣做。」撒母耳說：「耶和華已經離開你，與你為敵，你何必問我呢？耶和華照他藉我所說的話為他自己實現了。耶和華已經從你手裏奪去國權，賜給別人，就是大衛。因為你沒有聽從耶和華的話，沒有執行他對亞瑪力人的惱怒，所以今日耶和華向你做這事。耶和華也必將你和以色列交在非利士人手裏。明日你和你兒子們必與我在一處了；耶和華也必將以色列的軍兵交在非利士人手裏。」

掃羅突然全身仆倒在地，因為撒母耳的話令他十分懼怕。他毫無氣力，因為他一日一夜都沒有吃甚麼。

***

大衛為了躲避掃羅的追殺投奔了非利士人，亞吉王將洗革拉城賜給了他，還任命他做自己的侍衛，一同征伐以色列。大衛受其他非利士將帥忌憚，擔心他陣前倒戈，所以最終沒參與攻打以色列的戰役。

插畫呈現了掃羅得知結果後，驚怕得仆倒在地的情景。畫中右方是眾人圍繞攙扶著倒地的掃羅，左方的女巫正手指著旁邊撒母耳的幽魂。

掃羅之死

撒母耳上 31 1-8

非利士人攻打以色列。以色列人在非利士人面前逃跑，很多人在基利波山被殺仆倒。非利士人緊追掃羅和他的兒子，殺了掃羅的兒子約拿單、亞比拿達、麥基·舒亞。

攻擊掃羅的戰事激烈，弓箭手追上他，他被弓箭手射中，傷勢很重。掃羅吩咐拿他兵器的人說：「你拔出刀來，把我刺死，免得那些未受割禮的人來刺我，凌辱我。」但拿兵器的人不肯，因為他非常懼怕。

於是掃羅拿起刀來，伏在刀上。拿兵器的人見掃羅已死，也伏在刀上跟他一起死。這樣，掃羅和他三個兒子，與拿他兵器的人，以及他所有的人，都在那日一起死了。

住平原那邊和約旦河那邊的以色列人，見以色列軍兵逃跑，掃羅和他兒子都死了，就棄城逃跑。非利士人前來住在其中。

***

亞瑪力人趁大衛不在時攻打洗革拉城，擄去了城中的婦女孩子，大衛立即前往追擊。大衛與亞瑪交戰時，非利士人開始攻打以色列，掃羅在這場戰爭中受了重傷，為了不落入敵人手中，就要求拿兵器的人立刻將他殺死，但侍從不肯，掃羅就拿刀自殺而死，而他的侍從也效法了他死在一旁。畫家正是描繪了這一場景：瘋狂和絕望的受害者被自己的武器刺穿，而敵人則在遠處的山上狂奔。

基列雅比人收集掃羅及其子的屍首

撒母耳上 31 8-13

次日，非利士人來剝那些被殺之人的衣服，看見掃羅和他三個兒子仆倒在基利波山。他們割下他的首級，剝了他的盔甲，派人到非利士人之地的四境，報信給他們廟裏的偶像和百姓。他們將掃羅的盔甲放在亞斯她錄廟裏，把他的屍身釘在伯・珊的城牆上。

基列的雅比居民聽見非利士人向掃羅所行的事，他們所有的勇士就起身，走了一夜，把掃羅和他兒子的屍身從伯・珊城牆上取下來，送到雅比，在那裏用火燒了，把骸骨葬在雅比的柳樹下，並且禁食七日。

***

接續前段故事，掃羅及其子的頭顱與屍身被污辱性的懸掛在城牆上，基列雅比的勇士遂連夜奔走取下他們的屍首，並將之火化安葬。圖中所畫的正是勇士們在昏暗的夜色中收取著掃羅及其子的屍首。

Gve. Doré
H. PISAN

掃羅家和大衛家爭戰

撒母耳下 2 12-28

尼珥的兒子押尼珥和掃羅的兒子伊施·波設的僕人從瑪哈念出來，往基遍去。洗魯雅的兒子約押和大衛的僕人也出來，在基遍池旁與他們相遇；一隊坐在池的這邊，一隊坐在池的那邊。

押尼珥對約押說：「讓年輕人起來，在我們面前較量一下吧！」約押說：「讓他們起來吧。」他們就起來，點了人數過來：屬掃羅兒子伊施·波設的有便雅憫人十二名，大衛的僕人也有十二名。每人抓住對方的頭，

用刀刺對方的肋旁，一同仆倒。所以，那地叫做希利甲·哈素林，就在基遍。那日戰況激烈，押尼珥和以色列人敗在大衛的僕人面前。在那裏有洗魯雅的三個兒子：約押、亞比篩、亞撒黑。亞撒黑的腳快如野地裏的羚羊；亞撒黑追趕押尼珥，直追趕他不偏左右。押尼珥回頭說：「亞撒黑，是你嗎？」他說：「是我。」押尼珥對他說：「你轉左或轉右，去抓一個年輕人，剝去他的戰衣吧。」亞撒黑卻不肯轉開而不追趕他。押尼珥又對亞撒黑說：「轉開，不要再追我了！我何必把你擊殺在地上呢？我若殺了你，怎麼有臉見你哥哥約押呢？」亞撒黑仍不肯轉開，押尼珥就用回馬槍刺入他的肚腹，甚至槍從背後穿出，亞撒黑就仆倒在那裏，當場死了。眾人趕到亞撒黑仆倒而死的地方，就都站住。

約押和亞比篩追趕押尼珥。日落的時候，他們到了通往基遍曠野的路旁，基亞對面的亞瑪山。便雅憫人聚集在押尼珥後面，成為一隊，站在一座山頂上。

押尼珥呼叫約押說：「刀劍豈可永遠吞噬呢？你豈不知，結局必是痛苦的嗎？你要等到何時才叫百姓回去，不追趕他們的弟兄呢？」約押說：「我指著永生的上帝起誓：你若沒有這麼說，百姓就必繼續追趕弟兄，直到早晨。」於是約押吹角，眾百姓就站住，不再追趕以色列人，也不再打仗了。

***

掃羅死後，大衛帶著部屬及家眷離開非利士。猶大人膏立大衛做猶大的王，掃羅的兒子伊施波設則做了以色列的王。

這是以色列南北兩方的爭戰場面，也是同一脈絡的分割爭鬥。圖裏畫的是兩邊派出的戰士捉對廝殺的場面，前面是廝殺慘烈的二十四名年輕戰士，後方則站著兩方觀戰的人馬。

大衛攻打亞捫與亞蘭

撒母耳下 10 6-19

亞捫人看到大衛憎惡他們，就派人去雇用伯．利合的亞蘭人和瑣巴的亞蘭人，步兵二萬，以及瑪迦王的人一千、陀伯人一萬二千。大衛聽見了，就派約押和所有勇猛的軍隊出去。亞捫人出來，在城門前擺陣；瑣巴與利合的亞蘭人、陀伯人，以及瑪迦人另外在郊野擺陣。

約押看見戰陣對著他前後擺列，就把從以色列所有精兵中挑選出來的，擺陣迎戰亞蘭人。他把其餘的兵交在他兄弟亞比篩手裏，亞比篩就擺陣迎戰亞捫人。

約押對亞比篩說：「亞蘭人若強過我，你就來幫助我；亞捫人若強過你，我就去幫助你。你要剛強，我們要為自己的百姓，為我們上帝的城鎮奮勇。願耶和華照他所看為好的去做！」於是，約押和跟隨他的士兵前進攻打亞蘭人；亞蘭人在他面前逃跑。亞捫人見亞蘭人逃跑，他們也在亞比篩面前逃跑進城。約押就離開亞捫人，回耶路撒冷去了。

亞蘭人見自己被以色列打敗，就集合起來。哈大底謝派人去，把大河那邊的亞蘭人調來；他們到了希蘭，由哈大底謝的將軍朔法在他們前面率領。有人告訴大衛，他就聚集以色列眾人過約旦河，來到希蘭。亞蘭人迎著大衛擺陣，與他打仗。亞蘭人在以色列人面前逃跑。大衛殺了亞蘭七百輛戰車的士兵，四萬騎兵，又擊殺亞蘭的將軍朔法，他就死在那裏。哈大底謝屬下的諸王見自己被以色列打敗，就與以色列講和，臣服他們。於是亞蘭人害怕，不再幫助亞捫人了。

***

大衛統治猶大時，亞捫王拿轄死了，大衛為表友好而派了使臣前往慰問，新王哈嫩卻大大羞辱大衛派來的使臣，並將他們趕出亞捫，於是引得大衛對亞捫人不滿。

插圖的這一幕描述了大衛以戰備堅利的戰車大敗亞蘭人。只見大衛舒適地坐臥在戰車中向四方觀看，對戰的敵軍無不潰敗在他可怕的戰車下。

押沙龍的死亡

撒母耳下 18 1-17

大衛數點跟隨他的百姓，立千夫長、百夫長率領他們。大衛把軍兵分為三隊：三分之一在約押手下，三分之一在洗魯雅的兒子約押弟弟亞比篩手下，三分之一在迦特人以太手下。王對軍兵說：「我必與你們一同出戰。」軍兵卻說：「你不可出戰。若是我們逃跑，敵人不會把心放在我們身上；我們陣亡一半，敵人也不會把心放在我們身上。但現在你一人抵過我們萬人，所以你最好留在城裏支援我們。」王對他們說：「你們看怎樣好，我就怎樣做。」於是王站在城門旁，所有的軍兵成百成千地挨次出戰去了。

王囑咐約押、亞比篩、以太說：「你們要為我的緣故寬待那年輕人押沙龍。」王為押沙龍的事囑咐眾將領的話，所有的軍兵都聽見了。

軍兵出到田野迎戰以色列，在以法蓮的樹林裏交戰。在那裏，以色列百姓敗在大衛的臣僕面前。那日在那裏陣亡的很多，共有二萬人。戰爭蔓延到整個地面，那日被樹林吞噬的軍兵比被刀劍吞噬的更多。

押沙龍剛好遇見了大衛的臣僕。押沙龍騎著騾子，從大橡樹密枝底下經過，他的頭髮被橡樹纏住，懸掛在空中，所騎的騾子就離他去了。

有個人看見，就告訴約押說：「看哪，我看見押沙龍掛在橡樹上了。」約押對報信的人說：「看哪，你既看見了，為甚麼不當場把他擊殺在地呢？我必賞你十個銀子和一條帶子。」那人對約押說：「即使我手裏得了一千銀子，也不敢伸手害王的兒子，因為我們聽見王囑咐你、亞比篩、以太說：『你們要謹慎，不可害那年輕人押沙龍。』我若冒著生命危險做這傻事，無論何事都瞞不過王，你自己也必遠遠站在一旁。」約押說：「我不能在你面前這樣耗下去！」約押手拿三枝短槍，趁押沙龍在橡樹上還活著，就刺透他的心。給約押拿兵器的十個青年圍著押沙龍，擊殺他，將他殺死。

約押吹角，軍兵就回來，不去追趕以色列人，因為約押制止了軍兵。他們拿下押沙龍，把他丟在樹林中一個大坑裏，上頭堆起一大堆石頭。以色列眾人都逃跑，各回自己的帳棚去了。

***

押沙龍原本是大衛最鍾愛的兒子，卻背著大衛收買人心、密謀篡位。押沙龍派人去以色列造謠，聲稱他已在希伯崙作王，反叛的聲勢於是愈來愈大，附從押沙龍的人也愈來愈多。

畫家在此描繪了一位英俊卻驕滿自大的兒子的奇異死亡過程。畫面右方樹陰處，押沙龍被卡在橡樹上懸盪著，而手拿三枝短槍的約押，正率領著眾人前來準備殺死他，即使大衛曾吩咐過要寬待這個不肖的兒子。

大衛哀悼押沙龍

撒母耳下 18 19-33，19 1-4

撒督的兒子亞希瑪斯說：「讓我跑去報信給王，耶和華已經為王伸冤，使他脫離仇敵的手了。」約押對他說：「你今日不可作報信的人，改日再去報信；因為今日王的兒子死了，所以你不可去報信。」約押對古實人說：「你去把你所看見的告訴王。」古實人向約押叩拜後，就跑去了。

撒督的兒子亞希瑪斯又對約押說：「無論怎樣，讓我隨著古實人跑去吧！」約押說：「我兒，你報這信息，既不得賞賜，何必要跑去呢？」他說：「無論怎樣，我要跑去。」約押對他說：「你跑去吧！」亞希瑪斯就從平原的路往前跑，越過了古實人。

大衛正坐在內外城門之間。守望的人上到城牆，在城門的頂上舉目觀看，看哪，有一個人獨自跑來。守望的人就大聲告訴王。王說：「他若獨自來，必是報口信的。」那人跑得越來越近了。守望的人又見一人跑來，就對守城門的人喊說：「看哪，又有一人獨自跑來。」王說：「這也是報信的。」守望的人說：「我看前面那人的跑法，好像撒督的兒子亞希瑪斯的跑法。」王說：「他是個好人，是來報好消息的。」

亞希瑪斯向王呼叫說：「平安了！」他就臉伏於地向王叩拜，說：「耶和華－你的上帝是應當稱頌的，他已把那些舉手攻擊我主我王的人交出來了。」王說：「年輕人押沙龍平安嗎？」亞希瑪斯說：「約押派王的僕人，就是你的僕人時，我看見一陣大騷動，卻不知道是甚麼事。」王說：「你退去，站在這裏。」他就退去，站著。

看哪，古實人也來到，說：「有信息報給我主我王！耶和華今日為你伸冤，使你脫離一切起來攻擊你之人的手。」王對古實人說：「年輕人押沙龍平安嗎？」古實人說：「願我主我王的仇敵，和一切起來惡意要害你的人，都像那年輕人一樣。」王戰抖，就上城門的樓房去痛哭，一面走一面說：「我兒押沙龍啊！我兒，我兒押沙龍啊！我恨不得替你死，押沙龍啊，我兒！我兒！

有人告訴約押：「看哪，王為押沙龍悲哀哭泣。」那日眾軍兵聽說王為他兒子悲傷，他們得勝的日子變成悲哀了。那日軍兵暗暗地進城，如同戰場上逃跑、羞愧的士兵一般。王蒙著臉，大聲哭號說：「我兒押沙龍啊！押沙龍，我兒，我兒啊！」

***

畫中的中心人物（大衛）緊握著的雙手，那張背對躲開的臉，充分表達了作為一位父親的痛苦，而侍從們只能驚恐地注視著他。

掃羅的後代被處死

撒母耳下 21 1-14

大衛在位年間有饑荒，一連三年，大衛求問耶和華，耶和華說：「掃羅和他家犯了流人血之罪，因為他殺死了基遍人。」大衛王召了基遍人來，跟他們說話。基遍人不是以色列人，而是亞摩利人中所剩下的人。以色列人曾向他們起誓，掃羅卻為以色列人和猶大人大發熱心，追殺他們，為了要消滅他們。

大衛對基遍人說：「我當為你們做甚麼呢？要用甚麼贖這罪，使你們為耶和華的產業祝福呢？」基遍人對他說：「我們和掃羅以及他家的事與金銀無關，也不要因我們的緣故殺任何以色列人。」大衛說：「你們怎樣說，我就為你們怎樣做。」他們對王說：「那謀害我們、要消滅我們、使我們不得住以色列境內的人，請把他的子孫七人交給我們，我們好在耶和華面前，把他們懸掛在基比亞，就是耶和華揀選掃羅的地方。」王說：「我必交給你們。」

王顧惜掃羅的孫子，約拿單的兒子米非波設，因為在大衛和掃羅的兒子約拿單之間，有指著耶和華的誓言。王卻把愛亞的女兒利斯巴為掃羅所生的兩個兒子亞摩尼和米非波設，以及掃羅的女兒米拉為米何拉人巴西萊兒子亞得列所生的五個兒子交在基遍人的手裏。基遍人在耶和華面前把他們懸掛在山上，這七人就一起死了。他們被殺的時候正是收割的頭幾天，就是開始收割大麥的時候。

愛亞的女兒利斯巴用麻布舖在磐石上搭棚，從收割的開始直到天降雨在屍體上，她白日不許空中的飛鳥落在屍體上，夜間不讓田野的走獸前來。有人把掃羅的妃子愛亞女兒利斯巴所做的事告訴大衛。大衛就去，從基列的雅比人那裏把掃羅和他兒子約拿單的骸骨搬來。先前非利士人在基利波殺了掃羅，把屍體懸掛在伯．珊的廣場上，後來基列的雅比人把屍體偷走。大衛把掃羅和他兒子約拿單的骸骨從那裏搬上來，又收殮了被懸掛的那些人的骸骨。他們將掃羅和他兒子約拿單的骸骨葬在便雅憫的洗拉，在掃羅父親基士的墳墓裏。他們遵照王所吩咐的一切做了。此後上帝垂聽了為那地的祈求。

***

為了替掃羅贖罪，利斯巴與米拉的兒子被處死懸掛在山上。插圖裏是身為母親的利斯巴為了護衛孩子的屍身，正奮力地驅趕著群集而來的鳥獸。

G. Doré
H. PISAN

亞比篩拯救大衛

撒母耳下 21 15-17

非利士人與以色列人打仗。

大衛帶領僕人下去，與非利士人交戰，大衛就疲乏了。巨人族的後裔以實・比諾說要殺大衛；他的銅槍重三百舍客勒，腰間又佩著新刀。但洗魯雅的兒子亞比篩幫助大衛攻擊非利士人，殺死了他。

當日，大衛的人向大衛起誓說：「你不可再與我們一同出戰，免得以色列的燈熄滅了。」

***

畫中表現了驚險萬分的一刻，以實．比諾持刀劍正準備刺殺看似將墮下馬的大衛，而英勇的亞比篩此時突地竄出，持劍擋下了以實．比諾的一擊。

G. Doré
HUREL

所羅門

列王記上 2　10-12，4　29-34

大衛與他祖先同睡，葬在大衛城。大衛作以色列王四十年：在希伯崙作王七年，在耶路撒冷作王三十三年。所羅門坐他父親大衛的王位，他的國度非常穩固。

上帝賜給所羅門極大的智慧和聰明，以及寬闊的心，如同海邊的沙。所羅門的智慧超過所有東方人的智慧，和埃及人一切的智慧。他的智慧勝過萬人，勝過以斯拉人以探，以及瑪曷的兒子希幔、甲各、達大。他的名聲傳遍四圍的列國。

他作箴言三千句，詩歌一千零五首。他講論草木，從黎巴嫩的香柏樹直到牆上長的牛膝草，又講論飛禽、走獸、爬行動物和魚類。地上凡曾聽過他智慧的君王，都派人來；萬民都有人來聽所羅門的智慧。

***

大衛年邁之時，年紀最長的兒子亞多尼雅圖謀篡位，在部分大臣的支持下自立為王。得知此事的大衛趕緊召來了祭司，在以色列眾民面前膏立所羅門為王。

插畫家所表現的畫面中，並未將所羅門王的強富表現出來，這裏僅僅畫了國王所坐之處的柱子與門楣，但另一方面卻強調了卷軸與手寫筆，這讓我們看到了所羅門所擁有的智慧，及其廣泛的著作。

所羅門的審判

列王記上 3 16-28

那時，有兩個妓女來，站在王面前。一個婦人說：「我主啊，我和這婦人同住一屋。她在屋子裏的時候，我生了一個孩子。我生了以後第三天，這婦人也生了。我們是一起的，屋子裏除了我們二人之外，再沒有別人在屋子裏。夜間，這婦人的兒子死了，因為她壓在她的兒子身上。她半夜起來，趁你使女睡著的時候，從我旁邊把我兒子抱走，放在她懷裏，又把她死的兒子放在我懷裏。清早，我起來要給我的兒子吃奶，看哪，他死了；早晨我仔細察看他，看哪，他不是我所生的兒子。」

另一個婦人說：「不！我的兒子是活的，你的兒子是死的。」但這一個說：「不！你的兒子是死的，我的兒子是活的。」她們就在王面前爭吵。王說：「這婦人說：『這是我的兒子，他是活的，你的兒子是死的。』那婦人說：『不！你的兒子是死的，我的兒子是活的。』」

王就說：「給我拿刀來！」人就把刀拿到王面前來。王說：「把活孩子劈成兩半，一半給這婦人，一半給那婦人。」活孩子的母親為自己的兒子心急如焚，對王說：「求我主把活孩子給那婦人吧，萬不可殺死他！」那婦人說：「這孩子也不歸我，也不歸你，你們就劈了吧！」王回應說：「把活孩子給這婦人，萬不可殺死他，因為這婦人是他的母親。」全以色列聽見王這樣判斷，就都敬畏王，因為他們看見他心中有上帝的智慧，能夠斷案。

***

上帝曾在所羅門的夢中顯現，問他想要什麼。所羅門不要長壽、財富，只向上帝求了智慧。

畫家非常準確地表達了所羅門審判當時各人的情緒，年輕的國王穿著正式的長袍，舉起手，站在那裏宣佈他的明智決定；劊子手一手拿著劍，另一手拿著活生生的孩子，把臉轉向君主，好像想知道這個決定是否是最終的；假媽媽則袖手旁觀，漠不關心地站在一旁陰影中；另一個母親則哀求地倒下，讓人感受到了她充滿母性的內在。

聖殿所預定的香柏樹

列王記上 5 1-18

推羅王希蘭是大衛平生的好友。希蘭聽見以色列人膏所羅門接續他父親作王，就派臣僕到他那裏。所羅門也派人到希蘭那裏，說：「你知道我父親大衛因四圍的戰爭，不能為耶和華－他上帝的名建殿，直等到耶和華使仇敵都服在他腳下。現在耶和華－我的上帝使我四圍太平，沒有仇敵，沒有災禍。看哪，我吩咐要為耶和華－我上帝的名建殿，是照耶和華向我父親大衛說的：『我必使你兒子接續你，坐你的王位，他必為我的名建殿。』現在，請吩咐人在黎巴嫩為我砍伐香柏木，我的僕人必幫助你的僕人。至於你僕人的工錢，我必照你所定的給你。你知道，在我們中間沒有人像西頓人那樣擅長砍伐樹木。」

希蘭聽見所羅門的話，就很高興，說：「今日耶和華是應當稱頌的，因為他賜給大衛一個有智慧的兒子，治理這眾多的百姓。」希蘭送信給所羅門，說：「你派人向我所提的那事，我已聽見了；論到香柏木和松木，我必照你一切的心願去做。我的僕人必把這木料從黎巴嫩運到海裏，我會把它們紮成筏子浮在海上，運到你告訴我的地方，在那裏拆開，你就可以收取；你也要照我的心願做，把食物給我的家。」於是希蘭照所羅門的心願，給他香柏木和松木；所羅門給希蘭二萬歌珥麥子，二十歌珥搗成的油，作他家的食物。所羅門每年都是這樣給希蘭。耶和華照著所應許的賜智慧給所羅門。希蘭與所羅門和平相處，二人彼此立約。

所羅門王從全以色列挑取服勞役的人，徵來的人有三萬，派他們輪流每月一萬人上黎巴嫩去；一個月在黎巴嫩，兩個月在家裏。亞多尼蘭管理他們。所羅門有七萬扛抬的，八萬在山上鑿石頭的。此外，所羅門有三千三百個監督工作的官長，監管百姓做工。王下令，他們就鑿出又大又貴重的石頭來，用以立殿的根基。所羅門的工匠和希蘭的工匠，以及迦巴勒人，把石頭鑿好，預備了木料和石頭來建殿。

***

插圖中的素描非常逼真。各式各樣的忙碌工人使現場充滿了生氣，一些人正在用繩子把巨大的樹幹拉下來，這些樹幹在接近地面時被鋸下來。其他人則在修剪那些匍匐的樹。在前景中，兩個車輪又大又笨重的拖車上堆了大樹，由長長成列的馬拉著，驅促者根據情況指導，而坐在車上的人員正下達著命令，兩旁有成群的工人觀察著工作進展。這張照片擠滿了眾多人物，但並不顯得混亂。

BARBANT

示巴女王的來訪

列王記 10 1-13

示巴女王聽見所羅門因耶和華的名所得的名聲，就來要用難題考問所羅門。她帶著很多的隨從來到耶路撒冷，有駱駝馱著香料、極多金子和寶石。她來到所羅門那裏，向他提出心中所有的問題。所羅門回答了她所有的問題，沒有一個問題太難，王不能向她解答的。示巴女王看見所羅門一切的智慧，和他所建造的宮殿，席上的食物，坐著的群臣，侍立的僕人，他們的服裝，和他的司酒長，以及他在耶和華殿裏所獻的燔祭，就詫異得神不守舍。

她對王說：「我在本國所聽到的話，論到你的事和你的智慧是真的！我本來不信那些話，及至我來親眼看見了，看哪，人所告訴我的還不到一半，你的智慧和你的福分超過我所聽見的傳聞。你的人是有福的！你這些僕人常侍立在你面前、聽你智慧的話是有福的！耶和華－你的上帝是應當稱頌的！他喜愛你，使你坐以色列的王位，因為他永遠愛以色列，所以立你作王，使你秉公行義。」於是，示巴女王把一百二十他連得金子、極多的香料和寶石送給所羅門王；送來的香料，從來沒有像示巴女王送給他的那麼多。

希蘭的船隻也從俄斐運了金子來，又從俄斐運了許多檀香木和寶石來。王用檀香木為耶和華的殿和王宮做欄杆，又為歌唱的人做琴瑟。以後再沒有這樣的檀香木運進來，也再沒有人見過，直到如今。

所羅門王除了照自己的厚意餽贈示巴女王之外，凡她所提出的一切要求，所羅門王都送給她。於是女王和她臣僕轉回，到本國去了。

***

一場莊嚴的會面場景，示巴女王身著長幅及地的外袍立於階下，她微低著頭向所羅門王致意，所羅門站在階上，一手執杖、一手伸出向女王招呼，身邊的隨從、臣子們則恭謹地望向二人。畫家在此刻意描繪了宮廷的宏偉與華麗。

被獅子殺死的先知

列王記上 13 11-28

有一個老先知住在伯特利，他的兒子來，把神人當日在伯特利所做的一切事和他向王所說的話，都告訴了父親。父親對他們說：「神人從哪條路去了呢？」他的兒子都看到從猶大來的神人所去的路。

老先知吩咐兒子說：「你們為我備驢。」他們備好了驢，他就騎上，去追神人，遇見神人坐在橡樹底下，就對他說：「你是不是從猶大來的神人？」他說：「是我。」老先知對他說：「請你跟我一起回家吃飯。」神人說：「我不能跟你回去，與你同行，也不能在這地方跟你一起吃飯喝水，因為有耶和華的話吩咐我說：『你在那裏不可吃飯喝水，也不可從你去的原路回來。』」

老先知對他說：「我也是先知，和你一樣。有天使遵照耶和華的話對我說：『你去帶他一同回你的家，給他吃飯喝水。』」老先知在欺騙他。於是神人跟老先知回去，在他家裏吃飯喝水。

他們坐席的時候，耶和華的話臨到那帶神人回來的先知，他就對從猶大來的神人宣告說：「耶和華如此說：『你既違背耶和華的指示，不遵守耶和華－你上帝的命令，反倒回來，在耶和華禁止你吃飯喝水的地方吃了飯喝了水，因此你的屍體必不得葬在你祖先的墳墓裏。』」

神人吃喝完了，老先知為那帶回來的先知備驢。神人就騎上驢走了，在路上有隻獅子遇見他，把他咬死。他的屍體倒在路上，驢站在屍體旁邊，獅子也站在屍體旁邊。看哪，有人經過，看見屍體倒在路上，獅子站在屍體旁邊，就來到老先知所住的城裏述說這事。

那帶神人回來的先知聽見了，就說：「這是那違背了耶和華指示的神人，所以耶和華把他交給獅子；獅子撕裂他，咬死他，正如耶和華對他說的話。」老先知吩咐他兒子說：「你們為我備驢。」他們就備了驢。他去了，發現神人的屍體倒在路上，驢和獅子站在屍體旁邊，獅子卻沒有吃屍體，也沒有撕裂驢。

***

所羅門死後，國權落入耶羅波安手中，只剩猶大支派跟從所羅門的兒子——羅波安。耶羅波安擔心人民回耶路撒冷敬拜時會轉而效忠猶大王，於是築了祭壇和金牛犢，騙以色列人留在城中祭拜。神人斥責耶羅波安，預言大衛的後代將毀了他的祭壇，並在祭壇上殺掉他的祭司。

插畫所表現的是故事的最後，老先知前往事發地點，看見被獅子咬死的神人正倒臥在地，獅子正靜靜地佇立一旁，神情凜然。畫中唯一未呈現的是神人的驢子。

G. Doré
H. PISAN.

以利亞救了寡婦的兒子

列王記上 17 8-24

耶和華的話臨到他，說：「你起身到西頓的撒勒法去，住在那裏，看哪，我已吩咐那裏的一個寡婦供養你。」以利亞就起身往撒勒法去。

他到了城門，看哪，有一個寡婦在那裏撿柴。以利亞呼喚她說：「請你用器皿取點水來給我喝。」她去取水的時候，以利亞又呼喚她說:「請你手裏也拿點餅來給我。」她說：「我指著永生的耶和華－你的上帝起誓，我沒有餅，罈內只有一把麵，瓶裏只有一點油。看哪，我去找兩根柴，帶回家為我和我兒子做餅。我們吃了，就等死吧！」

以利亞對她說：「不要怕！你去照你所說的做吧！只要先為我做一個小餅，拿來給我，然後為你和你的兒子做餅；因為耶和華－以色列的上帝如此說：『罈內的麵必不用盡，瓶裏的油必不短缺，直到耶和華使雨降在地上的日子。』」婦人就照以利亞的話去做。她和以利亞，以及她家中的人，吃了許多日子。罈內的麵果然沒有用盡，瓶裏的油也不短缺，正如耶和華藉以利亞所說的話。

這事以後，那婦人，就是那家的女主人，她的兒子病了，病得很重，甚至沒有氣息。婦人對以利亞說：「神人哪，我跟你有甚麼關係，你竟到我這裏來，使上帝記起我的罪，以致我的兒子死了呢？」

以利亞對她說：「把你兒子交給我。」以利亞就從婦人懷中接過孩子來，抱到他所住的頂樓，放在自己的床上。他求告耶和華說：「耶和華－我的上帝啊，我寄居在這寡婦的家裏，你卻降禍於她，使她的兒子死了嗎？」以利亞三次伏在孩子的身上，求告耶和華說：「耶和華－我的上帝啊，求你使這孩子的生命歸回給他吧！」

耶和華聽了以利亞的呼求，孩子的生命歸回給他，他就活了。以利亞把孩子從樓上抱下來，進了房間交給他母親，說:「看，你的兒子活了！」婦人對以利亞說:「現在我知道你是神人，耶和華藉你口所說的話是真的。」

***

亞哈是以色列國的第七任君主，他行上帝眼中為惡的事，還和王后耶洗別一起敬拜邪神巴力。先知以利亞對亞哈王說：「我指著以色列上帝的永生發誓：以後的幾年內，除非我祈求，天不下雨，也不降露。」於是天不下雨，溪裡的水也都乾了，這是上帝賦予以利亞權能之力，為其行事，之後以利亞便受命前往撒勒法去。

插畫所描繪的是寡婦眼見兒子復活，驚喜得上前歡抱孩子，先知以利亞則靜默地立於一旁看著這一幕生命奇蹟。

以利亞與巴力先知鬥法

列王記上 18 22-40

以利亞對百姓說：「作耶和華先知的只剩下我一個；巴力的先知卻有四百五十人。請給我們兩頭牛犢，巴力的先知可以為自己挑選一頭牛犢，切成小塊，放在柴上，不要點火；我也預備一頭牛犢放在柴上，也不點火。你們求告你們神明的名，我也求告耶和華的名。那應允禱告降火的就是上帝。」眾百姓回答說：「好主意。」

以利亞對巴力的先知說：「因為你們人多，先挑選一頭牛犢，預備好了，求告你們神明的名，卻不要點火。」他們把所給他們的牛犢預備好了，從早晨到中午，求告巴力的名說：「巴力啊，求你應允我們！」卻沒有聲音，也沒有回應。他們就在所築的壇四圍蹦跳。

到了正午，以利亞嘲笑他們，說：「大聲求告吧！因為它是神明，它或許在默想，或許正忙著，或許在路上，或許在睡覺，它該醒過來了。」他們大聲求告，按著他們的儀式，用刀槍刺割自己，直到渾身流血。中午過去了，他們狂呼亂叫，直到獻晚祭的時候，卻沒有聲音，沒有回應的，也沒有理睬的。

以利亞對眾百姓說：「你們到我這裏來。」眾百姓就到他那裏，他把那已經毀壞了的耶和華的壇修好。以利亞按照雅各子孫支派的數目，取了十二塊石頭；耶和華的話曾臨到雅各，說：「你的名要叫以色列。」以利亞用這些石頭為耶和華的名築一座壇，在壇的四圍挖溝，可容納二細亞穀種。他又在壇上擺好了柴，把牛犢切成小塊放在柴上，說：「你們用四個桶盛滿水，倒在燔祭和柴上。」他又說：「倒第二次。」他們就倒第二次。他又說：「倒第三次。」他們就倒第三次。水流到壇的四圍，溝裏也滿了水。

到了獻晚祭的時候，先知以利亞近前來，說：「耶和華－亞伯拉罕、以撒、以色列的上帝啊，求你今日使人知道你是以色列的上帝，我是你的僕人，我遵照你的話做這一切事。求你應允我，耶和華啊，應允我，使這百姓知道你－耶和華是上帝，是你叫他們回心轉意的。」於是，耶和華降下火來，燒盡燔祭、木柴、石頭、塵土，又燒乾了溝裏的水。眾百姓看見了，就臉伏於地，說：「耶和華是上帝！耶和華是上帝！」以利亞對他們說：「拿住巴力的先知，不讓任何人逃走！」眾人就拿住他們。以利亞帶他們到基順河邊，在那裏殺了他們。

***

旱災三年後，上帝差以利亞去見亞哈王，告訴他旱災即將結束。以利亞指責亞哈王帶領以色列敬拜別神，因此得罪了上帝。

畫裏是鬥法之後的結果，巴力眾先知被百姓抓住，一一在河畔高地斬首，並棄屍於河水中。中間突起的高地上，看得見群情激憤的眾人，以及一一被斬首棄屍的先知們。

以利亞受天使的救助

列王記上 19　1-8

亞哈把以利亞一切所做的和他用刀殺眾先知的事都告訴耶洗別。耶洗別就派使者到以利亞那裏，說：「明日約這時候，我若不使你的性命像那些人的性命一樣，願神明重重懲罰我。」以利亞害怕，就起來逃命，到了猶大的別是巴，把僕人留在那裏。

他自己在曠野走了一日的路程，來到一棵羅騰樹下，就坐在那裏求死，說：「耶和華啊，現在夠了！求你取我的性命吧，因為我不比我的祖先好。」他躺在羅騰樹下睡著了。

看哪，有一個天使拍他，對他說：「起來吃吧！」他觀看，看哪，頭旁有燒熱的石頭烤的餅和一壺水，他就吃了喝了，又再躺下。

耶和華的使者回來，第二次拍他，說：「起來吃吧！因為你要走的路很遠。」他就起來吃了喝了，仗著這飲食的力走了四十晝夜，到了上帝的山，就是何烈山。

***

繼前篇鬥法之後，天空果然下起了大雨，就跟以利亞先前預言的一樣。亞哈王並沒有因此悔改向神，反而和耶洗別商議如何除掉以利亞。

畫中呈現了疲累的以利亞正坐在坡地旁一棵樹下，他的臉偏向左方看望著正朝他而來的天使，天使手中捧著要給以利亞吃喝的餅和水。

G. Doré
PANNEMAKER-A.DOMS.SC

以色列與亞蘭人爭戰

列王記上 20 1-21

亞蘭王便・哈達召集他的全軍，率領三十二個王，帶著馬和戰車，上來圍困撒瑪利亞，要攻打它。他派使者進城到以色列王亞哈那裏，對他說：「便・哈達如此說：『你的金銀都要歸我，你妻妾兒女中最美的也要歸我。』」以色列王回答說：「我主我王啊，就照著你的話，我和我所有的都歸你。」使者又來說：「便・哈達如此說：『我已派人到你那裏，要你把你的金銀、妻妾、兒女都歸我。』但明日約在這時候，我還要派臣僕到你那裏，搜查你的家和你僕人的家，你眼中一切所喜愛的都由他們的手拿走。」

以色列王召了國內所有的長老來，說：「你們要知道，看哪，這人是來找麻煩的！他派人到我這裏來，要我的妻妾、兒女和金銀，我並沒有拒絕他。」所有的長老和眾百姓對王說：「不要聽從他，也不要答應他。」以色列王對便・哈達的使者說：「你們告訴我主我王說：『王頭一次派人向僕人所要的一切，僕人都依從，但這事我不能依從。』」使者就去回覆便・哈達。便・哈達又派人到亞哈那裏，說：「撒瑪利亞的塵土若足夠跟從我的軍兵每人手拿一把，願神明重重懲罰我！」以色列王回答說：「你們告訴他說，『剛束上腰帶的，不要像已卸下的那樣誇口。』」便・哈達和諸王正在帳幕裏喝酒，聽見這話，就對他臣僕說：「擺陣吧！」他們就擺陣攻城。

看哪，一個先知靠近以色列王亞哈，說：「耶和華如此說：『這一大群人你看見了嗎？看哪，今日我必把他們交在你手裏，你就知道我是耶和華。』」亞哈說：「藉著誰呢？」他說：「耶和華如此說：『藉著跟從省長的年輕人。』」亞哈說：「誰要開戰呢？」他說：「你！」於是亞哈數點跟從省長的年輕人，共二百三十二名，然後又數點以色列的眾軍兵，共七千名。

中午，他們出了城；便・哈達和幫助他的三十二個王正在帳幕裏暢飲。跟從省長的年輕人先出城。便・哈達派人去，他們回報說：「有人從撒瑪利亞出來了。」他說：「他們若為求和出來，要活捉他們，若為打仗出來，也要活捉他們。」

跟從省長的年輕人，和跟隨他們的軍兵，都出了城，各人遇見敵人就擊殺。亞蘭人逃跑，以色列人追趕他們；亞蘭王便・哈達騎著馬和騎兵一同逃跑。以色列王出城攻擊馬和戰車，大大擊殺亞蘭人。

***

面對亞蘭王的無理要求，以色列王亞哈最終憑藉著耶和華上帝之力，率兵與亞蘭人爭戰。畫中的戰爭場面呈現著一面倒的景象，中間戰車上、馬上的戰士看來都頗為年輕，而他們奮力擊殺的對手無一不慘敗在他們的馬蹄、刀槍下。

亞哈陣亡

列王記上 22 29-38

以色列王和猶大王約沙法上基列的拉末去。以色列王對約沙法說：「我要改裝上陣，你可以仍穿王袍。」以色列王就改裝上陣去了。

亞蘭王吩咐他的三十二個戰車長說：「你們不要與他們的大將或小兵交戰，只要單單攻擊以色列王。」

那些戰車長看見約沙法就說：「這一定是以色列王！」他們轉過去與他交戰，約沙法就呼喊起來。戰車長見他不是以色列王，就轉身不追他了。

有一人開弓，並不知情，箭恰巧射入以色列王鎧甲的縫裏。王對駕車的說：「我受重傷了，你掉過車來，載我離開戰場！」那日，戰況越來越猛，有人扶著王站在戰車上，面對亞蘭人。到了傍晚，王就死了，血從傷處流入車底。約在日落的時候，有喊聲傳遍軍中，說：「大家各歸本城，各歸本地吧！」

王死了，人把他送到撒瑪利亞，葬在撒瑪利亞。他們在撒瑪利亞的水池旁洗他的車，有狗來舔他的血，有妓女在那裏洗澡，正如耶和華所說的話。

***

亞哈戰勝亞蘭人後並不悔改，和耶洗別繼續行惡。上帝透過以利亞向亞哈預言將除滅亞哈及他家族所有的男人，狗則會在耶斯列城吃耶洗別的屍體。

由於亞哈違背了上帝要滅亞蘭人的旨意，並藉由先知以利亞及米該雅之口提出警告，將予以懲罰。於是就在這場面對亞蘭人的戰爭中中箭而亡。插畫裏，戰車上是中箭而流血的亞哈，他正轉頭看向漸漸低沉的落日。

以利亞殺了亞哈謝的使者

列王記下1 2-17

亞哈謝在撒瑪利亞，一日從樓上的欄杆跌下來，就病了。於是他派使者，對他們說：「你們去問以革倫的神明巴力．西卜，我這病是否能痊癒。」但耶和華的使者對提斯比人以利亞說：「你起來，上去迎見撒瑪利亞王的使者，對他們說：『你們去問以革倫的神明巴力．西卜，是因為以色列中沒有上帝嗎？』所以耶和華如此說：『你必不能下你所上的床，因為你一定會死！』」以利亞就去了。

使者回到王那裏，王對他們說：「你們為甚麼回來了呢？」他們對王說：「有一個人上來迎見我們，對我們說：『去，回到差你們來的王那裏，對他說：耶和華如此說，你派人去問以革倫的神明巴力．西卜，是因為以色列中沒有上帝嗎？所以你必不能下所上的床，你一定會死。』」王對他們說：「上來迎見你們，告訴你們這些話的人是甚麼樣子呢？」他們對王說：「這人身穿毛衣，腰束皮帶。」王說：「他一定是提斯比人以利亞。」

於是，王派了一個五十夫長，帶領五十人到以利亞那裏。他上來，看哪，以利亞正坐在山頂上。五十夫長對他說：「神人哪，王吩咐你下來！」以利亞回答五十夫長說：「我若是神人，願火從天上降下來，吞滅你和你的五十個人！」於是有火從天上降下來，吞滅五十夫長和他的五十個人。

王又派另一個五十夫長，帶領五十人到以利亞那裏。五十夫長對他說：「神人哪，王這樣吩咐，快快下來！」以利亞回答說：「我若是神人，願火從天上降下來，吞滅你和你的五十個人！」於是上帝的火從天上降下來，吞滅五十夫長和他的五十個人。

王第三次又派一個五十夫長，帶領五十人去。第三個五十夫長上去，雙膝跪在以利亞面前，哀求他說：「神人哪，願我的性命和你這五十個僕人的性命在你眼中看為寶貴！看哪，已經有火從天上降下來，吞滅前兩次來的五十夫長和他們的五十個人，現在願我的性命在你眼中看為寶貴！」耶和華的使者對以利亞說：「你跟他下去，不要怕他！」以利亞就起來，跟他下到王那裏去。他對王說：「耶和華如此說：『你派人去問以革倫的神明巴力．西卜，是因為以色列中沒有上帝可以讓你求問他的話嗎？所以你必不能下所上的床，你一定會死！』」

亞哈謝死了，正如耶和華藉以利亞所說的話。猶大王約沙法的兒子約蘭在位第二年，亞哈謝的兄弟約蘭接續他作王，因亞哈謝沒有兒子。

***

圖中混亂的馬匹和人馬，充分表達了一種狂亂的驚愕，這種驚愕正是在被「天上的火」所帶來毀滅而引動。遠處暗影中站著一人，正是以利亞。

以利亞乘著旋風升天

列王記下 2 6-18

以利亞對以利沙說：「耶和華差遣我往約旦河去，你可以留在這裏。」以利沙說：「我指著永生的耶和華，又指著你的性命起誓，我必不離開你。」於是二人一同往前行。有五十個先知的門徒同去，遠遠地站在他們對面；他們二人在約旦河邊站住。以利亞捲起自己的外衣，用來打水，水就左右分開，二人走乾地過去。

過去之後，以利亞對以利沙說：「我未被接去離開你以前，你要我為你做甚麼，只管求。」以利沙說：「願感動你的靈雙倍感動我。」以利亞說：「你求的是一件難事。我被接去離開你的時候，你若看見我，就必得著；若不然，就得不著了。」

他們邊走邊說話的時候，看哪，有火馬和火焰車出現，把二人隔開，以利亞就乘旋風升天去了。以利沙看見，就呼叫說：「我父啊！我父啊！以色列的戰車騎兵啊！」以利沙不再看見他的時候，就把自己的衣服撕為兩片。他拾起以利亞身上掉下來的外衣，回去站在約旦河邊。他用以利亞身上掉下來的外衣打水，說：「耶和華－以利亞的上帝在哪裏呢？」打水之後，水也左右分開，以利沙就過去了。

在耶利哥的先知的門徒，從對面看見他，說：「感動以利亞的靈臨到以利沙身上了。」他們就來迎接他，俯伏於地，向他下拜，對他說：「看哪，僕人這裏有五十個壯士，請你讓他們去尋找你師父，或者耶和華的靈將他提起來，投在某山某谷。」以利沙說：「你們不必派人去。」他們再三催促，直到他不好意思，就說：「你們派人去吧！」他們就派了五十個人去，尋找了三天，也沒有找著他。以利沙仍然留在耶利哥，他們回到他那裏，他對他們說：「我不是告訴你們不必去嗎？」

***

以利沙是上帝指派給以利亞的下任祭司，以利亞要被神接升天時，以利沙堅持跟著他走完人生最後的旅程。

這是畫家描繪以利亞和以利沙正走在約旦河邊路上時升天的情景，此時忽然有火車和火馬出現把他們分開，畫面烏雲密佈，有翅膀的馬正展翅向上飛升，先知伸出手，乘著旋風上了天，而以利沙則被這景象驚得臥倒在地。

G. Doré
H. PISAN.

解救撒瑪利亞的饑荒

列王記下 6　24-33，7　1-2

此後，亞蘭王便．哈達召集他的全軍，上來圍困撒瑪利亞。

看哪，被圍困的時候，撒瑪利亞有大饑荒，甚至一個驢頭值八十舍客勒，四分之一卡布的鴿子糞值五舍客勒。

一日，以色列王在城牆上經過，有一個婦人向他呼叫說：「我主，我王啊！求你幫助。」王說：「耶和華不幫助你，我從哪裏幫助你呢？是從禾場，或從壓酒池嗎？」王對婦人說：「你有甚麼事？」她說：「這婦人對我說：『把你的兒子交出來，我們今日可以吃他，明日可以吃我的兒子。』我們就煮了我的兒子吃了。次日我對她說：『要把你的兒子交出來，我們可以吃。』她卻把她的兒子藏起來。」王聽見婦人的話，就撕裂衣服；那時，王在城牆上經過，百姓看見了，看哪，王貼身穿著麻布。王說：「我今日若容許沙法的兒子以利沙的頭還留在他身上，願上帝重重懲罰我！」

那時，以利沙正坐在家中，有長老與他同坐。王派一個人先去，使者還沒有到，以利沙對長老說：「你們看，這兇手之子派人來斬我的頭。你們注意，當使者來到，你們就關上門，把他關在門外。在他後頭不就是他主人的腳步聲嗎？」正與他們說話的時候，看哪，使者下到他那裏，說：「看哪，這災禍是從耶和華來的，我何必再仰望耶和華呢？」

以利沙說：「你們要聽耶和華的話，耶和華如此說：明日約這時候，在撒瑪利亞城門口，一細亞細麵只賣一舍客勒，二細亞大麥也賣一舍客勒。」有一個攙扶王的軍官回答神人說：「看哪，即使耶和華打開天上的窗戶，也不可能有這事。」以利沙說：「看哪，你必親眼看見，在那裏卻吃不到甚麼。」

***

畫家在這裏刻畫了以色列王與婦人的對話。包含婦人在內，撒瑪利亞城中各處都是飢餓的百姓，婦人正舉頭伸手向以色列王申訴自己的不幸。

這事件之後，耶和華顯能使亞蘭人的軍隊倉皇而逃，留下諸多糧食、衣物、器具、馬匹等，百姓們掠奪了這些遺留之物，那位不相信預言的軍官則被踐踏而死，應了耶和華所說的：「看得到、吃不到」。

耶洗別的死亡

列王記下 9 30-33

耶戶到了耶斯列。耶洗別聽見了，就畫眼影、梳頭，從窗戶往外觀看。
耶戶進了城門，耶洗別說：「殺主人的心利啊，平安嗎？」
耶戶向窗戶抬頭，說：「有誰順從我？誰？」
有兩三個太監向外看他。耶戶說：「把她抛下來！」他們就把她抛下來。
她的血濺在牆上和馬上，耶戶踐踏在她身上。

***

以色列王后耶洗別是邪神巴力的信奉者，個性冷酷，迫害了許多耶和華先知，耶戶於此行使受服從之力，叫侍從把有罪的王后耶洗別扔下城樓，這正是這幅插圖所展示的場景。耶戶坐在馬上，伸出右手招呼著，看不見臉的耶洗別狂亂地掙扎著，圖下方的狗群則引頸等著啃噬耶洗別的肉。

G. Doré

耶和華的懲罰應驗了

列王記下 9 34-37

耶戶進去，吃了喝了，說：「你們去處理這被詛咒的婦人，埋了她，因為她是王的女兒。」

他們去了，要埋葬她，卻只找到她的頭骨和腳，以及手掌。

他們回來報告耶戶，耶戶說：「這正應驗耶和華藉他僕人提斯比人以利亞所說的話，說：『在耶斯列田裏，狗必吃耶洗別的肉，耶洗別的屍體必在耶斯列田裏的地面上如同糞土，甚至沒有人可說：這是耶洗別。』」

***

延續上一則，畫家在這裏描繪了已然被狗啃吃到只剩頭顱、腳及手的耶洗別屍體。尋獲的人正檢視著頭顱，而野狗在一旁及隱藏的遠處盯視著。

H. PISAN.

亞她利雅的篡位

列王記下 11 1-16

亞哈謝的母親亞她利雅見她兒子死了，就起來剿滅王室所有的後裔。但約蘭王的女兒，亞哈謝的妹妹約示巴，將亞哈謝的兒子約阿施從被殺的王子中偷出來，把他和他的奶媽藏在臥房裏，躲避了亞她利雅，沒有被殺。亞她利雅治理這地的時候，約阿施和他的奶媽在耶和華的殿裏藏了六年。

第七年，耶何耶大派人叫迦利人和護衛兵的眾百夫長來，領他們進耶和華的殿，與他們立約，使他們在耶和華殿裏起誓，又把王的兒子指給他們看，吩咐他們說：「你們要這樣做：你們當中在安息日值班的，三分之一要把守王宮，三分之一要在蘇珥門，三分之一要在護衛兵院的後門；你們要這樣輪流把守王宮。你們安息日所有不值班的兩隊人員要在耶和華的殿裏護衛王；各人手拿兵器，四圍保護王。凡擅自闖入你們行列的，要被處死。王出入的時候，你們當跟隨他。」

眾百夫長就照著耶何耶大祭司一切所吩咐的去做，各帶自己的人，無論安息日值班或不值班的，都到耶何耶大祭司那裏。祭司就把耶和華殿裏所藏大衛王的槍和盾牌交給百夫長。護衛兵手中各拿兵器，在祭壇和殿那裏，從殿南到殿北，站在王的四圍。耶何耶大領約阿施出來，給他戴上冠冕，把律法書交給他，膏他作王；眾人都鼓掌說：「願王萬歲！」

亞她利雅聽見護衛兵和百姓的聲音，就進耶和華的殿，到百姓那裏。她觀看，看哪，王照儀式站在柱旁，百夫長和號手在王旁邊，國中的眾百姓歡樂吹號。亞她利雅就撕裂衣服，喊著說：「反了！反了！」

耶何耶大祭司吩咐管軍兵的百夫長，對他們說：「把她從行列之間趕出去，凡跟隨她的必用刀殺死！」因為祭司說：「不可在耶和華殿裏殺她。」他們就下手拿住她；她進入通往王宮的馬門，就在那裏被殺。

***

亞哈死後由兒子約何蘭繼位，約何蘭繼續行上帝眼中為惡的事，耶戶殺了約何蘭，又將前來探望約何蘭的猶大王亞哈謝一併殺了。

這是一起復位的行動，由祭司耶何耶大領出幼主約阿施，並為他膏冕為王，同時將篡位的亞她利雅殺死。插畫裏正是被眾士兵驅趕至馬門處的亞她利雅，她扶著廊邊，已驚嚇到軟腿幾乎趴伏在地，臉上猶見驚怖的眼神。

HUREL

獅子咬死移民的亞述人

列王記下 17 24-41

亞述王從巴比倫、古他、亞瓦、哈馬和西法瓦音遷移人來，安置在撒瑪利亞的城鎮，代替以色列人；他們就佔據了撒瑪利亞，住在城中。他們開始住在那裏的時候，不敬畏耶和華，所以耶和華叫獅子進入他們中間，咬死了一些人。有人對亞述王說：「你所遷移安置在撒瑪利亞城鎮的各國的人，他們不知道那地之上帝的規矩，所以他叫獅子進入他們中間。看哪，獅子咬死了他們，因為他們不知道那地之上帝的規矩。」亞述王吩咐說：「當派一個從那裏擄來的祭司回去，叫他住在那裏，將那地之上帝的規矩指導他們。」於是有一個從撒瑪利亞擄去的祭司回來，住在伯特利，教導他們怎樣敬畏耶和華。

然而，各國的人在所住的城裏為自己製造神像，安置在撒瑪利亞人所建有丘壇的廟中。巴比倫人造疏割．比訥像；古他人造匿甲像；哈馬人造亞示瑪像；亞瓦人造匿哈和他珥他像；西法瓦音人用火焚燒兒女，獻給西法瓦音的神明亞得米勒和亞拿米勒。他們懼怕耶和華，卻從他們中間立丘壇的祭司，在丘壇的廟中為他們獻祭。他們懼怕耶和華，但又事奉自己的神明，從何邦遷來，就隨從那裏的風俗，直到如今仍照先前的風俗去行。

他們不敬畏耶和華，不遵守耶和華吩咐雅各後裔的律例、典章、律法、誡命；雅各就是從前耶和華起名叫以色列的。耶和華曾與他們立約，吩咐他們說：「不可敬畏別神，不可跪拜事奉它們，也不可向它們獻祭。惟有那用大能和伸出來的膀臂領你們出埃及地的耶和華，你們當敬畏他，向他跪拜，向他獻祭。他給你們寫的律例、典章、律法、誡命，你們應當永遠謹守遵行。你們不可敬畏別神。你們不可忘記我與你們所立的約，也不可敬畏別神。只要敬畏耶和華－你們的上帝，他必救你們脫離一切仇敵的手。」他們卻不聽從，仍照先前的風俗去行。

這樣，這些國家又懼怕耶和華，又事奉他們的偶像。他們子子孫孫也都照樣行，效法他們的祖宗，直到今日。

***

耶戶及其後代掌權至第四代時被臣子篡位，以拉的兒子何細亞作以色列王，他在撒馬利亞統治了九年。朝政混亂之際，亞述一族趁機興起，何細亞根本無力對抗亞述王，甚至被抓遭監禁，連首都撒瑪利亞都淪陷於亞述人之手。

亞述王將亞述人遷至撒瑪利亞城居住，這些移民並不敬畏耶和華，於是耶和華派遣了獅子入城咬死了許多亞述人，插畫中所呈現的正是獅群追咬亞述人的混亂場面。

亞述王的敗亡

列王記下 19 32-37

「所以耶和華論亞述王如此說：他必不得來到這城，也不在這裏射箭，不得拿盾牌到城前，也不建土堆攻城。他從哪條路來，必從那條路回去，必不得來到這城。這是耶和華說的。因我為自己的緣故，又為我僕人大衛的緣故，必保護拯救這城。」

當夜，耶和華的使者出去，在亞述營中殺了十八萬五千人。清早有人起來，看哪，都是死屍。

亞述王西拿基立就拔營回去，住在尼尼微。

一日，他在他的神明尼斯洛廟裏叩拜，他兒子亞得米勒和沙利色用刀殺了他，然後逃到亞拉臘地；他兒子以撒・哈頓接續他作王。

***

以色列諸王背離上帝的同時，猶大王希西家敬畏耶和華，他拆毀國內所有異教的神廟，修復了上帝的祭壇。以色列滅亡後，亞述王轉而進攻猶大，但耶和華與希西家同在，透過先知以賽亞預言猶大國劫後餘生的人民仍然會像植物一般往下扎根，向上結果。

這幅畫代表了一個天使所造成的可怕災難，畫家精準地描繪了當人們俯伏在復仇使者的臂膀下時，充滿了完全困惑和狂野的沮喪。天雷轟然，滿地死屍，是教人驚心動魄的場面。

HOTELIN

西底家被挖去雙眼

列王記下 24 18-20，25 1-7

西底家登基的時候年二十一歲，在耶路撒冷作王十一年。他母親名叫哈慕她，是立拿人耶利米的女兒。

西底家行耶和華眼中看為惡的事，正如約雅敬一切所行的。因此，耶和華向耶路撒冷和猶大發怒，以致把他們從自己面前趕出去。

西底家背叛巴比倫王。

西底家作王第九年十月初十，巴比倫王尼布甲尼撒率領全軍前來攻擊耶路撒冷，對城安營，四圍築堡壘攻城。城被圍困，直到西底家王十一年。

四月初九，城裏的饑荒非常嚴重，當地的百姓都沒有糧食。城被攻破，士兵全都在夜間從靠近王的花園、兩城牆中間的門逃跑。

迦勒底人正在四圍攻城，王就往亞拉巴逃去。迦勒底的軍隊追趕王，在耶利哥的平原追上他；他的全軍都離開他潰散了。迦勒底人就拿住王，帶他到利比拉的巴比倫王那裏；他們就判他的罪。他們在西底家眼前殺了他的兒女，挖了西底家的眼睛，用銅鏈鎖著他，帶到巴比倫去。

***

希西家之後的猶大諸王大多偏行己路，行上帝看為邪惡的事。傳位至約雅斤時，巴比倫王國興起，巴比倫王率軍圍困耶路撒冷，擄走約雅斤，改立約雅斤的叔父西底家做猶大王。

這是以色列猶大一支的衰亡，歷經埃及與巴比倫的宰制後，這是猶大敗亡的終曲。西底家為王是由巴比倫所立，但仍罔顧上帝的忠告，以致遭受不幸。這裏畫出了親眼看著兒女被殺的西底家，他正雙拳緊握，奮力地向巴比倫王吼叫著。

摩押人和亞捫人的敗亡

歷代志下 20 1-4，20-25

此後，摩押人和亞捫人，連同一些米烏尼人來攻擊約沙法。有人來報告約沙法說：「從海的那邊，以東有大軍來攻擊你，看哪，他們在哈洗遜・他瑪，就是隱・基底。」約沙法懼怕，就定意尋求耶和華，在全猶大宣告禁食。於是猶大人聚集，求耶和華幫助，甚至他們從猶大各城前來尋求耶和華。

清晨，眾人早起往提哥亞的曠野去。出去的時候，約沙法站著說：「猶大人和耶路撒冷的居民哪，要聽我說：信靠耶和華－你們的上帝就必站立得穩；信賴他的先知就必亨通。」約沙法與百姓商議，就設立歌唱的人，頌讚耶和華，使他們穿上聖潔的禮服，走在軍隊前讚美耶和華：

「當稱謝耶和華，因他的慈愛永遠長存！」

他們開始唱歌讚美的時候，耶和華派伏兵擊殺那來攻擊猶大的亞捫人、摩押人和西珥山人，他們就被打敗了。亞捫人和摩押人起來，擊殺住西珥山的人，把他們滅盡；滅盡住西珥山的人之後，他們又彼此自相擊殺。

猶大人來到曠野的瞭望樓，向那大軍觀看，看哪，遍地都是屍體，沒有一個逃脫的。約沙法和他的百姓就來收取掠物，找到許多牲畜、財物、衣服和珍寶。他們取掠物歸為己有，直到無法攜帶；因為掠物太多，他們足足收取了三日。

***

約沙法是猶大國少見的好國王，他施行公益，呼召人民歸向耶和華。

這是猶大王約沙法的一場戰役，全靠著耶和華上帝的助力，讓敵軍自相殘殺，以致滅盡。圖中可見遍佈滿山野的屍骸，而遠處隱約可見佇立觀看的約沙法軍隊。

回歸家園

以斯拉記 1 1-11

波斯王居魯士元年，耶和華為要應驗藉耶利米的口所說的話，就激發波斯王居魯士的心，使他下詔書通告全國，說：

「波斯王居魯士如此說：耶和華天上的上帝已將地上萬國賜給我，又委派我在猶大的耶路撒冷為他建造殿宇。你們中間凡作他子民的，可以上猶大的耶路撒冷去，重建耶和華－以色列上帝的殿，他是在耶路撒冷的上帝；願上帝與這人同在。凡存留的人，無論寄居何處，那地的人要用金銀、財物、牲畜幫助他，還要為耶路撒冷上帝的殿甘心獻上禮物。」

於是，猶大和便雅憫的族長、祭司、利未人，凡是心被上帝感動的人都起來，要上耶路撒冷去建造耶和華的殿。

四圍所有的人都拿銀器、金子、財物、牲畜、珍寶支持他們，此外還有甘心獻的一切禮物。

居魯士王也把耶和華殿的器皿拿出來，這些器皿是尼布甲尼撒從耶路撒冷掠取，放在自己神明廟中的。波斯王居魯士派米提利達司庫把這些器皿拿出來，點交給猶大的領袖設巴薩。它們的數目如下：金盤三十個，銀盤一千個，刀二十九把，金碗三十個，備用銀碗四百一十個，其他器皿一千件。金銀器皿共有五千四百件。被擄的人從巴比倫上耶路撒冷的時候，設巴薩把這一切都帶了上來。

***

耶路撒冷淪陷後，猶太人被擄去巴比倫，只剩下老弱傷殘者留在城中。西元前五三九年，波斯王居魯士佔領了巴比倫城，並以巴比倫王的身分執政。

這是耶路撒冷被掠奪七十年後，猶太人得以重歸故園的一幕。波斯王將從耶路撒冷掠取而來的寶物盡數歸還給猶大人，畫面中波斯王張開雙手立於階上，下方的將士則將寶物一一交付給猶大人。圖上方亦可見波斯王宮精雕細琢的殿宇。

G. Doré
PANNEMAKER DOMS. Sc.

重建聖殿

以斯拉記 3 8-13

他們到了耶路撒冷上帝殿的第二年，二月的時候，撒拉鐵的兒子所羅巴伯，約薩達的兒子耶書亞和其餘的弟兄，就是祭司和利未人，以及所有被擄歸回耶路撒冷的人，就開工建造；他們派二十歲以上的利未人，監督建造耶和華殿的工作。於是何達威雅的後裔，就是耶書亞和他的子孫與弟兄、甲篾和他的子孫，他們和利未人希拿達的子孫與弟兄，都起來如同一人，監督那些在上帝殿裏做工的人。

工匠立耶和華殿根基的時候，祭司穿禮服吹號，利未人亞薩的子孫敲鈸，都照以色列王大衛親手所定的，站著讚美耶和華。他們彼此唱和，讚美稱謝耶和華：

「他本為善，他向以色列永施慈愛。」

他們讚美耶和華的時候，眾百姓大聲呼喊，因為耶和華殿的根基已經立定。然而有許多祭司、利未人和族長，就是見過先前那殿的老年人，現在親眼看見這殿立了根基，就大聲哭號，也有許多人大聲歡呼，百姓不能分辨歡呼的聲音或哭號的聲音，因為百姓大聲呼喊，聲音連遠處都可聽到。

***

流亡的猶太人抵達耶路撒冷後，有些族長獻上自己的財務做為重建聖殿的經費，他們在祭壇的舊址上重建祭壇，恢復了以前的敬拜。

重建聖殿是回歸耶路撒冷的民眾第一件要事，而奠立聖殿根基，回復聖殿，是多麼鼓舞人心的事。畫中可見施工的人多麼地戮力以赴，祭司則在跟基上跪地讚頌上帝之名。

以色列人重獲自由

以斯拉記 7 11-28

亞達薛西王賜給精通耶和華誡命和以色列律例的文士以斯拉祭司的諭旨：

「諸王之王亞達薛西，達於精通天上之上帝律法的以斯拉祭司文士等等：現在住在我國中的以色列百姓、祭司、利未人，凡願意上耶路撒冷去的，我降旨准他們與你同去。

「既然王與七個謀士派你去，照你手中上帝的律法視察猶大和耶路撒冷的景況；你又帶著王和謀士樂意獻給住耶路撒冷、以色列上帝的金銀，和你在巴比倫全省所得的一切金銀，以及百姓、祭司甘心獻給耶路撒冷他們上帝殿的禮物，那麼，你就當用這銀子急速買公牛、公綿羊、小綿羊，和同獻的素祭、澆酒祭，獻在耶路撒冷你們上帝殿的壇上。剩下的金銀，你和你的弟兄看怎樣好，就怎樣用，但總要遵照你們上帝的旨意。你要帶著交託給你、在上帝殿中事奉用的器皿，到耶路撒冷上帝面前。你上帝殿裏若再有需用的經費，是你負責供應的，可以從王的寶庫裏支取。

「我亞達薛西王又降旨達於河西所有的司庫：『精通天上之上帝律法的以斯拉祭司文士無論向你們要甚麼，你們要速速辦理，直至一百他連得銀子，一百柯珥麥子，一百罷特酒，一百罷特油，鹽不限其數。凡天上之上帝所吩咐的，當為天上之上帝的殿切實辦理。何必使憤怒臨到王和王眾子的國呢？我再吩咐你們：至於任何祭司、利未人、歌唱的、門口的守衛和殿役，以及在上帝的這殿事奉的人，不可要求他們進貢，納糧，繳稅。』

「你，以斯拉啊，要照著你上帝賜你的智慧，指派所有明白你上帝律法的人作官長、審判官，治理河西所有的百姓，教導不明白上帝律法的人。凡不遵行你上帝律法和王命令的人，當速速定他的罪，或處死，或充軍，或抄家，或囚禁。」

以斯拉說：「耶和華－我們列祖的上帝是應當稱頌的！因他使王起這心願，使耶路撒冷耶和華的殿得榮耀，他又在王和謀士，以及王所有大能的軍官面前施恩於我。我因耶和華－我上帝的手的幫助，得以堅強，從以色列中召集領袖，與我一同上來。」

***

亞達薛西作波斯王時，以斯拉從巴比倫回來。以斯拉是大祭司亞倫的後代，一生專心研究並實行上帝的法律，又把一切法律條例教導以色列人民。

來自波斯王的諭旨，讓以色列人得以獲得真正自由。畫家在此圖中，以不同的場景來呈現，在巍峨的廣場中，群聚著以色列百姓，他們正翹首聆聽著高舉雙手的波斯王所說的話，右下方一位像似跪地的持杖者，應該就是祭司以斯拉。

以斯拉的祈禱

以斯拉記 9 1-6，10 1-5

這些事完成以後，眾領袖來接近我，說：「以色列百姓、祭司和利未人沒有棄絕迦南人、赫人、比利洗人、耶布斯人、亞捫人、摩押人、埃及人和亞摩利人等列邦民族所行可憎的事。因他們為自己和兒子娶了這些外邦女子，以致聖潔的種籽和列邦民族混雜，而且領袖和官長在這事上是罪魁。」

我一聽見這事，就撕裂衣服和外袍，拔了頭髮和鬍鬚，驚惶地坐著。凡為以色列上帝言語戰兢的人，都因被擄歸回之人所犯的罪，聚集到我這裏來。我驚惶地坐著，直到獻晚祭的時候。

獻晚祭的時候我從愁煩中起來，穿著撕裂的衣服和外袍，雙膝跪下，向耶和華－我的上帝舉手，說：

「我的上帝啊，我抱愧蒙羞，不敢向你－我的上帝仰面，因為我們的罪孽多到滅頂，我們的罪惡滔天。

「我們因自己的惡行和大罪，遭遇這一切的事，但你－我們的上帝懲罰我們輕於我們罪所當得的，又為我們留下這些殘存之民。我們豈可再違背你的誡命，與行這些可憎之事的民族結親呢？若我們這樣行，你豈不向我們發怒，將我們滅絕，以致沒有一個餘民或殘存之民嗎？耶和華－以色列的上帝啊，你是公義的，我們才能剩下這些殘存之民，正如今日的景況。看哪，我們在你面前有罪惡，因此無人能在你面前站立得住。」

以斯拉禱告，認罪，哭泣，俯伏在上帝殿前的時候，有以色列中的男女和孩童聚集到以斯拉那裏，成了一個盛大的會，百姓無不痛哭。

以攔的子孫，耶歇的兒子示迦尼對以斯拉說：「我們娶了這地的外邦女子，干犯了我們的上帝，然而現在以色列人在這事上還有指望。現在，我們要與我們的上帝立約，送走所有的妻子和她們所生的，照著主和那些因我們上帝誡命戰兢之人所議定的，按律法去行。起來，這是你當辦的事，我們必支持你，你當奮勇而行。」

以斯拉就起來，叫祭司長和利未人，以及以色列眾人起誓，要照這話去做；他們就起了誓。

***

重返耶路撒冷後，以斯拉帶領所有流亡歸來的以色列人獻祭敬拜上帝，又將亞達薛西王給他們的詔書交給河西省省長及當地官員，他們便允許以色列人在此敬拜上帝。

圖畫中的以斯拉悲痛萬分，匍匐在石階上，他正為著以色列人的過錯向上帝懺悔祈禱，而眾人群集在後方看著他。

G. Doré
H. PISAN.

尼希米察看毀損的城牆

尼希米記 2 9-18

王派了軍官和騎兵護送我。我到了河西的省長那裏，將王的詔書交給他們。和倫人參巴拉和作臣僕的亞捫人多比雅，聽見有人來為以色列人爭取利益，就很惱怒。

我到了耶路撒冷，在那裏停留了三天。夜間我和跟隨我的幾個人起來；但上帝感動我心要為耶路撒冷做的事，我並沒有告訴人。只有我自己騎的牲口，沒有別的牲口在我那裏。當夜，我出了谷門，往野狗泉去，到了糞廠門，察看耶路撒冷的城牆，城牆被拆毀，城門被火焚燒。我又往前，到了泉門，又到王池，但所騎的牲口沒有地方可以過去。於是我夜間沿溪而上，察看城牆，又轉身進入谷門，就回來了。我往哪裏去，我做甚麼事，官長都不知道。我也沒有告訴猶大人、祭司、貴族、官長和其餘做工的人。

以後，我對他們說：「我們所遭的難，耶路撒冷怎樣荒涼，城門被火焚燒，你們都看見了。來吧，讓我們重建耶路撒冷的城牆，免得再受凌辱！」我告訴他們我上帝施恩的手怎樣幫助我，以及王向我所說的話。他們就說：「我們起來建造吧！」於是他們使自己的手堅強，做這美好的工作。

***

亞達薛西王執政二十年時，猶大人尼希米是波斯王的酒政，尼希米聽聞故鄉耶路撒冷的城牆破損，城門被燒毀而憂心不已。波斯王遂應允他回鄉重建聖城。插圖中尼希米帶著隨從在夜裏察看損毀的城牆，可以從身形的動作感受到他內心的憂愁。

G. Doré
H. PISAN

以斯拉宣讀律書

尼希米記 8 1-8

那時，眾百姓如同一人聚集在水門前的廣場，請以斯拉文士將耶和華吩咐以色列的摩西的律法書帶來。

七月初一，以斯拉祭司將律法書帶到聽了能明白的男女會眾面前。他在水門前的廣場，從清早到中午，在男女和能明白的人面前讀這律法書，眾百姓都側耳而聽。

以斯拉文士站在為這事特製的木臺上。站在他旁邊的，有瑪他提雅、示瑪、亞奈雅、烏利亞和希勒家；站在他右邊的有瑪西雅；站在他左邊的有毗大雅、米沙利、瑪基雅、哈順、哈拔大拿、撒迦利亞和米書蘭。

以斯拉站在上面，在眾百姓眼前展開這書。他一展開，眾百姓都站起來。

以斯拉稱頌耶和華至大的上帝，眾百姓都舉手應聲說：「阿們！阿們！」他們低頭，俯伏在地，敬拜耶和華。耶書亞、巴尼、示利比、雅憫、亞谷、沙比太、荷第雅、瑪西雅、基利他、亞撒利雅、約撒拔、哈難、毗萊雅和利未人使百姓明白律法；百姓都站在自己的地方。他們清清楚楚地念上帝的律法書，講明意思，使百姓明白所念的。

***

在尼希米的努力奔走下，耶路撒冷的城牆得以修建完成。所有的以色列人，包括祭司、利未人、聖殿守衛等等，全都在猶大各城各鄉安頓下來，各人的工作也都指派妥當。

石階上，以斯拉拿著上帝傳給摩西的律書宣讀著，四周的百姓，不論男女，全都專注地傾聽著。

以斯帖被立為后

以斯帖記 2 5-18

書珊城堡中有一個猶太人名叫末底改，是便雅憫人基士的曾孫，示每的孫子，睚珥的兒子。從前巴比倫王尼布甲尼撒把猶大王耶哥尼雅和百姓從耶路撒冷擄來，末底改也在被擄的人當中。

末底改撫養他叔叔的女兒哈大沙，就是以斯帖，因為她沒有父母。這女子容貌美麗；她父母死了，末底改收她為自己的女兒。

王的諭旨和敕令傳出之後，許多女子被招聚到書珊城堡，交給掌管女子的希該；以斯帖也被送入王宮，交給希該。希該眼中寵愛以斯帖，就恩待她，急忙給她塗抹的香膏和當得的份，又從王宮裏挑選七個宮女來服事她，使她和她的宮女搬入女院上好的房屋。

以斯帖未曾將自己的籍貫宗族告訴人，因為末底改囑咐她不可叫人知道。末底改天天在女院前徘徊，要知道以斯帖是否平安，過得如何。

眾女子照例先塗抹身體十二個月：六個月用沒藥油，六個月用香料和塗抹的香膏。滿了日期，每個女子挨次進去朝見亞哈隨魯王。女子進去朝見王是這樣：從女院到王宮的時候，凡她所要的都必給她帶進去。晚上她進去，次日回到另一個女院，交給掌管妃嬪的太監沙甲。除非王喜愛她，再提名召她，她就不再進去見王。

末底改的叔叔亞比孩的女兒，就是末底改收為自己女兒的以斯帖，按次序要進去朝見王的時候，除了掌管女子的太監希該所分派給她的，她別無所求。

凡看見以斯帖的都喜歡她。亞哈隨魯王第七年十月，就是提別月，以斯帖被引入宮中朝見王。王愛以斯帖過於眾女子，她在王面前蒙寵愛勝過眾少女。王把王后的冠冕戴在她頭上，立她為王后，代替瓦實提。王為所有的官長和臣僕擺設大宴席，稱為以斯帖的宴席，又豁免各省的租稅，並照王的厚意大頒賞賜。

***

波斯王亞哈隨魯在位第三年，王后瓦實提被廢，亞哈隨魯下令將國內所有漂亮的少女帶到首都書珊供他挑選，來替代瓦實提。

被盛裝打扮的以斯帖，雍容的光彩吸引了眾人的目光，「凡看見以斯帖的都喜歡她」，難怪被引入宮中晉見王後，盟王寵愛而立為后。

PANNEMAKER-DOMS f.

王賜給末底改榮譽

以斯帖記 6 1-11

那夜王睡不著覺，吩咐人取歷史書，就是史籍，念給他聽，發現書上寫著：王有兩個守門的太監辟探和提列，想要下手害亞哈隨魯王，末底改告發了這件事。

王說：「末底改做了這事，有沒有賜給他甚麼尊榮或高位呢？」伺候王的臣僕說：「沒有賜給他甚麼。」

王說：「誰在院子裏？」那時哈曼正進入王宮的外院，要請王把末底改掛在他所預備的木架上。王的臣僕對他說：「看哪，哈曼站在院子裏。」王說：「叫他進來。」哈曼就進去。

王對他說：「王所喜愛要賜尊榮的人，當如何待他呢？」哈曼心裏說：「王所喜愛要賜尊榮的人，除了我，還有誰呢？」哈曼就對王說：「王所喜愛要賜尊榮的人，當把王所穿的王袍拿來，牽了戴冠的御馬，把王袍和御馬都交給王一個極尊貴的大臣，吩咐人把王袍給王所喜愛要賜尊榮的人穿上，領他騎著御馬走遍城裏的廣場，在他面前宣告：『王所喜愛要賜尊榮的人，就是這樣待他。』」王對哈曼說：「你速速把這王袍和御馬，照你所說的，向坐在朝門的猶太人末底改去做。凡你所說的，一樣都不可缺。」

於是哈曼把王袍給末底改穿上，領他騎著御馬走遍城裏的廣場，在他面前宣告：「王所喜愛要賜尊榮的人，就是這樣待他。」

***

收養以斯帖的末底改，一直很關心以斯帖的狀況，所以常到宮門外打聽，也因此得知有人想謀刺國王，輾轉救了王一命，王卻因國事繁忙忘了賞賜末底改。這事以後，王提升哈曼做宰相，下令所有王宮的侍衛都要向哈曼跪拜；所有人都遵從了王的命令，只有末底改拒絕了。哈曼因此記恨末底改，又曉得末底改是猶太人，就決定不只要處罰末底改一個人，還要勸諫亞哈隨魯王殺滅國內所有的猶太人。

插圖裏末底改坡上王袍、坐在御馬上遊街，接受百姓的擁戴，確實極其尊榮。

以斯帖指控哈曼

以斯帖記 7 1-10

王帶著哈曼來赴以斯帖王后的宴席。

第二天在宴席喝酒的時候，王又對以斯帖說：「以斯帖王后啊，你要甚麼，必賜給你；無論你求甚麼，就是國的一半也必給你。」以斯帖王后回答說：「王啊，我若在你眼前蒙恩，王若以為好，我所要的，是王把我的性命賜給我；我所求的，是求我的本族。因為我和我的本族被出賣了，要被剪除，殺戮，滅絕。我們若被賣為奴為婢，我就閉口不言；但我們的痛苦比起王的損失，算不得甚麼。」

亞哈隨魯王問以斯帖王后說：「擅敢起意如此行的是誰？這人在哪裏呢？」以斯帖說：「仇人敵人就是這惡人哈曼！」哈曼在王和王后面前非常驚惶。

王大怒，起來離開酒席往御花園去了。哈曼見王定意要加罪於他，就留下來求以斯帖王后救他的命。王從御花園回到酒席廳，見哈曼伏在以斯帖所靠的榻上；王說：「他竟敢在宮內、在我面前凌辱王后嗎？」這話一出王口，哈曼的臉就被蒙住了。

有一個伺候王名叫哈波拿的太監說：「看哪，哈曼還為那報告給王、救王有功的末底改做了一個五十肘高的木架，現今立在哈曼的家裏。」王說：「把哈曼掛在木架上。」於是哈曼被掛在他為末底改所預備的木架上；王的憤怒才平息了。

***

亞哈隨魯王統治的第十二年正月，哈曼向王稟告，有一個民族散居在國內各省，不但擁有自己的風俗習慣，也不尊重國家的法律，哈曼建議亞哈隨魯頒布命令滅絕他們，亞哈隨魯遂應允了。得知此事的以斯帖心生一計，設宴邀請亞哈隨魯和哈曼。

在此，畫家描繪了宴席上的一段情景，他沒有誇大建築的華麗，而是將筆觸集中在以斯帖的神態、國王的怒火，以及卑劣哈曼的沮喪。

聽聞壞消息的約伯

約伯記 1　13-22

有一天，約伯的兒女正在他們長兄的家裏吃飯喝酒，有報信的來見約伯，說：「牛正耕地，母驢在旁邊吃草，示巴人忽然闖來，把牲畜擄去，並用刀殺了僕人；惟有我一人逃脫，來報信給你。」

他還說話的時候，又有人來說：「上帝從天上降下火來，把羊群和僕人都吞滅了；惟有我一人逃脫，來報信給你。」

他還說話的時候，又有人來說：「迦勒底人分成三隊忽然闖來，把駱駝擄去，並用刀殺了僕人；惟有我一人逃脫，來報信給你。」

他還說話的時候，又有人來說：「你的兒女正在他們長兄的家裏吃飯喝酒，看哪，有狂風從曠野颳來，襲擊房屋的四角，房屋倒塌在年輕人身上，他們就都死了；惟有我一人逃脫，來報信給你。」

約伯就起來，撕裂外袍，剃了頭，俯伏在地敬拜，說：「我赤身出於母胎，也必赤身歸回；賞賜的是耶和華，收取的也是耶和華。耶和華的名是應當稱頌的。」

在這一切的事上，約伯並沒有犯罪，也不以上帝為狂妄。

***

約伯是個敬畏上帝的正直人，擁有許多兒女和財富。上帝向撒旦稱讚了約伯，撒旦卻不以為然，「你賜福給他，使他事事順利；他的牲畜漫山遍野，不可勝數。你若把他所有的都拿走，他還會敬畏你嗎？」撒旦於是出手試煉約伯，要看看約伯被奪去所有之後，是否仍願意一心追隨上帝。

圖中表達出約伯聽聞來報的消息時，掩面痛苦不已，家人也跟著悲傷萬分。

約伯與其三友

約伯記 2 1-13

又有一天，上帝的眾使者來侍立在耶和華面前，撒但也來在其中。

耶和華問撒但說：「你從哪裏來？」撒但回答說：「我從地上走來走去，在那裏往返。」

耶和華對撒但說：「你曾用心察看我的僕人約伯沒有？地上再沒有人像他那樣完全、正直、敬畏上帝、遠離惡事。你雖激起我攻擊他，無故吞滅他，他仍然持守他的純正。」撒但回答耶和華說：「人以皮代皮，情願捨去一切所有的，來保全性命。但你若伸手傷他的骨頭和他的肉，他必當面背棄你。」耶和華對撒但說：「看哪，他在你手中，只要留下他的性命。」

於是撒但從耶和華面前退出去，擊打約伯，使他從腳掌到頭頂長毒瘡。約伯就坐在灰燼中，拿瓦片刮身體。

他的妻子對他說：「你仍然持守你的純正嗎？你背棄上帝，死了吧！」約伯卻對她說：「你說話，正如愚頑的婦人。唉！難道我們從上帝手裏得福，不也受禍嗎？」在這一切的事上，約伯並沒有以口犯罪。

約伯的三個朋友，提幔人以利法、書亞人比勒達、拿瑪人瑣法，聽說這一切的災禍臨到他身上，各人就從自己的地方相約同來，為他悲傷，安慰他。

他們遠遠地舉目觀看，認不出他來，就放聲大哭。各人撕裂外袍，向空中撒塵土，落在自己的頭上。他們同他七天七夜坐在地上，一句話也不對他說，因為他們見到了極大的痛苦。

***

這是約伯的另一個試煉，約伯從腳掌到頭頂都長滿了毒瘡，教人認不出他來。畫裏，約伯的友人憐憫地安慰他，而約伯衣不蔽體的回視友人，手上還拿著刮身體用的瓦片。

以賽亞

以賽亞書 6 1-13

當烏西雅王崩的那年，我看見主坐在高高的寶座上。他的衣裳下襬遮滿聖殿。上有撒拉弗侍立，各有六個翅膀：兩個翅膀遮臉，兩個翅膀遮腳，兩個翅膀飛翔，彼此呼喊說：

「聖哉！聖哉！聖哉！萬軍之耶和華；他的榮光遍滿全地！」

因呼喊者的聲音，門檻的根基震動，殿裏充滿了煙雲。那時我說：「禍哉！我滅亡了！因為我是嘴唇不潔的人，住在嘴唇不潔的民中，又因我親眼看見大君王－萬軍之耶和華。」

有一撒拉弗向我飛來，手裏拿著燒紅的炭，是用火鉗從壇上取下來的，用炭沾我的口，說：「看哪，這炭沾了你的嘴唇，你的罪孽便除掉，你的罪惡就赦免了。」

我聽見主的聲音說：「我可以差遣誰呢？誰肯為我們去呢？」我說：「我在這裏，請差遣我！」他說：「你去告訴這百姓說：『你們聽了又聽，卻不明白；看了又看，卻不曉得。』要使這百姓心蒙油脂，耳朵發沉，眼睛昏花；恐怕他們眼睛看見，耳朵聽見，心裏明白，回轉過來，就得醫治。」

我就說：「主啊，這到幾時為止呢？」他說：「直到城鎮荒涼，無人居住，房屋空無一人，土地極其荒蕪；耶和華將人遷到遠方，國內被撇棄的土地很多。國內剩下的人若還有十分之一，也必被吞滅。然而如同大樹與橡樹，雖被砍伐，殘幹卻仍存留，聖潔的苗裔是它的殘幹。」

***

猶大王烏西雅崩逝那年，以賽亞受上帝的呼召成為先知。以賽亞作先知時，共經歷了約坦、亞哈斯，和希西家三代君王。

在插圖中，以賽亞跪在一塊光禿禿的岩石上，雙手合併，虔誠地沉思著。在其後方有寬闊的山谷和高地，並有明亮的天空映照在水下。

G Doré
H. PISAN

以賽亞預見巴比倫的毀滅

以賽亞書 13 1-22

亞摩斯的兒子以賽亞所見，有關巴比倫的默示。

你們要在荒涼的山上豎立大旗，向他們揚聲，揮手招呼他們進入貴族之門。我吩咐我所分別為聖的人，召喚我的勇士，就是我那狂喜高傲的人，為要執行我的怒氣。聽啊，山間有喧鬧的聲音，好像有許多百姓聚集，聽啊，多國之民聚集鬧鬨的聲音；這是萬軍之耶和華召集作戰的軍隊。他們從遠方來，從天邊來，耶和華和他惱恨的兵器要毀滅全地。

你們要哀號，因為耶和華的日子臨近了！這日來到，好像毀滅從全能者來到。因此，人的手都變軟弱，人的心都必惶惶。他們必驚恐，悲痛和愁苦將他們抓住。他們陣痛，好像臨產的婦人一樣，彼此驚奇對看，臉如火焰。

看哪！耶和華的日子臨到，必有殘忍、憤恨、烈怒，使這地荒蕪，除滅其中的罪人。天上的星宿都不發光，太陽一升起就變黑暗，月亮也不放光。我必因邪惡懲罰世界，因罪孽懲罰惡人，我要止息驕傲人的狂妄，制伏殘暴者的傲慢。我要使人比純金更少，比俄斐的赤金還少。

我，萬軍之耶和華狂怒，就是發烈怒的日子，要令天震動，地必搖撼，離其本位。人如被追趕的羚羊，像無人聚集的羊群，各自歸回本族，逃到本地。凡被追上的必被刺死，凡被捉拿的必倒在刀下。他們的嬰孩必在他們眼前被摔死，他們的房屋被搶劫，他們的妻子被污辱。

看哪，我必激起瑪代人攻擊他們，瑪代人並不看重銀子，也不喜愛金子。他們必用弓擊潰青年，不憐憫婦人所生的；眼也不顧惜孩子。巴比倫為列國的榮耀，為迦勒底人所誇耀的華美，必像上帝所傾覆的所多瑪、蛾摩拉一樣；國中必永無人煙，世世代代無人居住；阿拉伯人不在那裏支搭帳棚，牧羊的人也不使羊群躺臥在那裏。曠野的走獸躺臥在那裏，咆哮的動物擠滿棲身之所；鴕鳥住在那裏，山羊鬼魔也在那裏跳舞。土狼必在它的宮殿呼號，野狗在華美的殿裏吼叫。巴比倫的時辰臨近了，它的日子必不長久。

***

以賽亞預言巴比倫帝國的興起，以及不久後遭瑪代人所滅。

這猶如末日般的景象，斷垣殘壁，荒無人煙，先知以賽亞看著眼前荒涼景象，驚愕的傾倒在頹圮城牆上。

上帝擊殺力威亞探蛇

以賽亞書 27 1-6

到那日，耶和華必用他堅硬銳利的大刀懲罰力威亞探，就是那爬得快的蛇，懲罰力威亞探，就是那彎彎曲曲的蛇，並殺死海裏的大魚。

當那日，你們要唱這美好葡萄園的歌：

「我－耶和華看守葡萄園，按時澆灌，晝夜看守，免得有人損害。我心中不存憤怒。惟願在戰爭中我有荊棘和蒺藜，我就起步攻擊他，把他一同焚燒；或者讓他緊靠我，以我為避難所，與我和好，與我和好。」

將來雅各要扎根，以色列要發芽開花，果實遍滿地面。

***

預言了亞述、巴比倫等帝國的覆滅後，以賽亞預言以色列將再次得勝。

力威亞探是《希伯來聖經》中的海中怪物，上帝藉由擊殺怪物、維護葡萄園的說法，來申明其對以色列的眷顧。畫家在此畫出了上帝遣使者持劍斬殺海怪的一幕，劇力萬鈞的場面，怪物蜷曲翻騰海浪，讓人感覺驚心動魄。

H. PISAN.

巴錄記錄了耶利米的哀歌

耶利米書 36 1-8

約西亞的兒子猶大王約雅敬第四年，有這話從耶和華臨到耶利米，說：「你要取一書卷，把我對你所說攻擊以色列和猶大，並各國的一切話，從我對你說話的那日，就是從約西亞的日子起直到今日，都寫在其上；或者猶大家聽見我想要降給他們的一切災禍，各人就回轉離開惡道，我就赦免他們的罪孽和罪惡。」

耶利米召了尼利亞的兒子巴錄來；巴錄就從耶利米口中，把耶和華對耶利米所說的一切話寫在書卷上。

耶利米吩咐巴錄說：「我被禁止，不能進耶和華的殿。所以你要趁禁食的日子進入耶和華的殿中，把耶和華的話，就是你從我口中寫在書卷上的話，念給百姓和所有從各城鎮前來的猶大人親耳聽;或者他們的懇求達到耶和華面前，各人回轉離開惡道，因為耶和華向這百姓所說要發的怒氣和憤怒實在很大。」

尼利亞的兒子巴錄就照耶利米先知所吩咐的一切去做，在耶和華殿中宣讀書卷上耶和華的話。

***

約西亞統治猶大的第十三年，上帝呼召耶利米為先知。約西亞死後，埃及勢力崛起，又在巴比倫的迅速擴張下面臨瓦解。猶大國察覺不到局勢的變化，仍舊不停地向埃及上貢稱臣，希望藉此得法老的庇護，耶利米因此預言巴比倫將毀滅耶路撒冷。

面對以色列和猶大的災殃，耶利米招來巴錄記下上帝的話語在書卷上。畫中耶利米態度懇切的述說著，巴錄則持筆專注的記錄著耶利米所說的一切。

G. Doré
PANNEMAKER-DOMS

耶路撒冷的陷落

耶利米書 39 1-14

猶大王西底家第九年十月，巴比倫王尼布甲尼撒率領全軍前來圍困耶路撒冷。西底家十一年四月初九日，城被攻破。

耶路撒冷被攻下的時候，巴比倫王的眾官長，尼甲・沙利薛、三甲・尼波、撒西金將軍、尼甲・沙利薛將軍，並巴比倫王其餘的官長都來坐在中門。猶大王西底家和所有士兵看見他們，就在夜間從靠近王的花園、兩城牆中間的門逃跑出城，往亞拉巴逃去。迦勒底的軍隊追趕他們，在耶利哥的平原追上西底家，將他逮住，帶到哈馬地的利比拉、巴比倫王尼布甲尼撒那裏；尼布甲尼撒就判他的罪。

在利比拉，巴比倫王在西底家眼前殺了他的兒女；巴比倫王又殺了猶大所有的貴族，並且挖了西底家的眼睛，用銅鏈鎖住他，要帶到巴比倫去。

迦勒底人用火焚燒王宮和百姓的房屋，又拆毀耶路撒冷的城牆。那時，尼布撒拉旦護衛長把城裏所剩下的百姓和投降他的降民，以及其餘的百姓都擄到巴比倫去了。尼布撒拉旦護衛長卻把百姓中一無所有的窮人留在猶大地，當時就賞給他們葡萄園和田地。

巴比倫王尼布甲尼撒為了耶利米，囑咐尼布撒拉旦護衛長：「你領他去，好好地看待他，切不可害他；他對你怎麼說，你就向他怎樣做。」

尼布撒拉旦護衛長和尼布沙斯班將軍、尼甲・沙利薛將軍，並巴比倫王眾官長，派人把耶利米從護衛兵的院中提出來，交給沙番的孫子，亞希甘的兒子基大利，讓他自由進出屋子；於是耶利米住在百姓中間。

***

官員們將巴錄記錄下來的書卷呈給當時的猶大王，猶大王對耶利米的警告充耳不聞，將書卷丟到火爐內盡數燒毀。

巴比倫攻陷了耶路撒冷，猶大王西底家被挖了眼睛帶往巴比倫，耶路撒冷一片悽慘，圖畫中讓城中遺留下來的老弱婦孺遍布各處，呈現出淒迷的景象。居中持杖抬首望天的人，應該就是被釋放的耶利米。

BERTRAND. Sc

耶和華給巴錄的許諾

耶利米書 45 1-5

約西亞的兒子猶大王約雅敬第四年，尼利亞的兒子巴錄把耶利米先知口中所說的話寫在書上；耶利米對巴錄說：「巴錄啊，耶和華－以色列的上帝說：你曾說：『哀哉！耶和華使我愁上加愁，我因呻吟而困乏，不得安歇。』你要這樣告訴他，耶和華如此說：看哪，我所建立的，我必拆毀；我所栽植的，我必拔出；在全地我都如此行。你為自己圖謀大事嗎？不要圖謀！看哪，我必使災禍臨到凡有血肉之軀的。但你無論往哪裏去，我要保全你的性命。這是耶和華說的。」

***

這是發生在耶路撒冷淪陷之前的事。

在插圖中，畫家把他描繪成躺在一座牆壁光禿禿的監獄中，但他被上面寫下上帝珍貴語錄的卷軸所包圍。他似乎沉醉在冥想中，臉上帶著悲傷和憂愁的表情。

以西結的宣講

以西結書 2 1-10，3 1-13

他對我說：「人子啊，你站起來，我要和你說話。」他對我說話的時候，靈進入我裏面，使我站起來，我就聽見他對我說話。他對我說：「人子啊，我差你往悖逆我的國家，以色列人那裏去，他們是悖逆我的。他們和他們的祖先違背我，直到今日。這些人厚著臉皮，心裏剛硬。我差你到他們那裏去，你要對他們說：『主耶和華如此說。』他們是悖逆之家，他們或聽，或不聽，必知道在他們中間有了先知。你，人子啊，雖有荊棘和蒺藜在你那裏，你又住在蠍子中間，總不要怕他們，也不要怕他們的話；他們雖是悖逆之家，但你不要怕他們的話，也不要因他們的臉色驚惶。他們或聽，或不聽，你只管將我的話告訴他們；他們是極其悖逆的。

「但是你，人子啊，要聽我對你說的話，不要像那悖逆之家一樣悖逆，要開口吃我所賜給你的。」我觀看，看哪，有一隻手向我伸來；看哪，手中有一書卷。他在我面前展開書卷，它內外都寫著字，上面所寫的有哀號、嘆息、悲痛的話。

他對我說：「人子啊，要吃你所得到的，吃下這書卷；然後要去，對以色列家宣講。」於是我張開了口，他就使我吃這書卷。他對我說：「人子啊，要吃我所賜給你的這書卷，塞滿你的肚腹。」我就吃了，口中覺得其甜如蜜。

他對我說：「人子啊，你要到以色列家那裏去，對他們傳講我的話。你奉差遣不是往那說話艱澀、言語難懂的民那裏，而是往以色列家去；你不是往那說話艱澀、言語難懂的許多民族那裏去，他們的話你不懂。然而，我若差你往他們那裏去，他們會聽從你。以色列家卻不肯聽從你，因為他們不肯聽從我；原來以色列全家是額頭堅硬、心裏剛愎的人。看哪，我使你的臉堅硬，對抗他們的臉；使你的額頭堅硬，對抗他們的額頭。我使你的額頭像金剛石，比火石更堅硬。他們雖是悖逆之家，但你不要怕他們，也不要因他們的臉色而驚惶。」他又對我說：「人子啊，我對你說的一切話，你心裏要領會，耳朵要聽。要到被擄的人，到你本國百姓那裏去，他們或聽，或不聽，你要對他們宣講，告訴他們這是主耶和華說的。」

那時，靈將我舉起，我就聽見在我身後有極大震動的聲音：「耶和華的榮耀，從他所在之處，是應當稱頌的！」有活物的翅膀相碰的聲音，也有活物旁邊輪子的聲音，是極大震動的聲音。

***

猶大王約雅斤被巴比倫王擄去的第五年，上帝派遣以西結去往以色列成為先知宣講訊息，而此圖明確地顯示了這一點。以西結站在群眾中間，高舉的手勢顯示出了他嚴肅認真的態度，但聽者似乎無精打采，或只是出於好奇，而不是出於對深刻道德的興趣。

G. Doré
C. LAPLANTE Sc.

枯骨復甦

以西結書 37 1-14

耶和華的手按在我身上。耶和華藉著他的靈帶我出去，把我放在平原中，平原遍滿骸骨。他使我從骸骨的四圍經過，看哪，平原上面的骸骨甚多，看哪，極其枯乾。他對我說：「人子啊，這些骸骨能活過來嗎？」我說：「主耶和華啊，你是知道的。」他又對我說：「你要向這些骸骨說預言，對它們說：枯乾的骸骨啊，要聽耶和華的話。主耶和華對這些骸骨如此說：『看哪，我必使氣息進入你們裏面，你們就要活過來。我要給你們加上筋，長出肉，又給你們包上皮，使氣息進入你們裏面，你們就要活過來；你們就知道我是耶和華。』」

於是，我遵命說預言。正說預言的時候，有響聲，看哪，有地震；骨與骨彼此接連。我觀看，看哪，骸骨上面有筋，長了肉，又包上皮，只是裏面還沒有氣息。耶和華對我說：「人子啊，你要說預言，向風說預言。你要說，耶和華如此說：氣息啊，要從四方而來，吹在這些被殺的人身上，使他們活過來。」於是我遵命說預言，氣息就進入骸骨，骸骨就活過來，並且用腳站起來，成為極大的軍隊。

他對我說：「人子啊，這些骸骨就是以色列全家。他們說：『看哪，我們的骨頭枯乾了，我們的指望失去了，我們滅絕淨盡了！』所以你要說預言，對他們說，主耶和華如此說：我的子民，看哪，我要打開你們的墳墓，把你們帶出墳墓，領你們進入以色列地。我的子民哪，我打開你們的墳墓，把你們帶出墳墓時，你們就知道我是耶和華。我必將我的靈放在你們裏面，你們就要活過來。我把你們安置在本地，你們就知道我—耶和華說了這話，就必成就。這是耶和華說的。」

***

約雅斤王被擄去巴比倫後不久，猶大國正式宣告滅亡。在如此絕望的情景下，上帝向以西結預言以色列的興起，「我必從各國收取你們，引導你們歸回本地。」

這幅畫代表了一場奇妙又令人印象深刻的景象。前面散落著乾裂的骨頭，後面是活動起來的骨骼，再後面是一些已經完成了這一復甦過程的人們，他們站在那裏凝視著這一奇妙轉變的源頭，而先知正站在高處凝視著這一景象。

G.Doré

底格里斯河邊的異象

但以理書 10 1-20

波斯王居魯士第三年，有話指示那稱為伯提沙撒的但以理。這話是確實的，指著大戰爭；但以理明白這話，明白這異象。

那時，我－但以理悲傷了三個七日；美味我沒有吃，酒和肉沒有入我的口，也沒有用油抹我的身，直到滿了三個七日。

正月二十四日，我在大河，就是底格里斯河邊，舉目觀看，看哪，有一人身穿細麻衣，腰束烏法的純金腰帶。他的身體如水蒼玉，面貌如閃電，眼目如火把，手臂和腳如明亮的銅，說話的聲音像眾人的聲音。我－但以理一人看見這異象，跟我一起的人沒有看見，卻有極大的戰兢落在他們身上，他們就逃跑躲避，只剩下我一人。我看見這大異象就渾身無力，面容變色，毫無氣力。我聽見他說話的聲音；一聽見他說話的聲音，我就沉睡，臉伏於地。

看哪，有一隻手摸我，使我膝蓋和手掌戰抖。他對我說：「蒙愛的但以理啊，要思想我對你所說的話，只管站起來，因為我現在奉差遣來到你這裏。」他對我說這話，我就戰戰兢兢地站起來。他說：「但以理啊，不要懼怕！因為自從第一日你立志要明白，又在你上帝面前刻苦自己，你的話已蒙應允；我就是因你的話而來。但波斯國的領袖攔阻了我二十一天。看哪，天使長中的一位米迦勒來幫助我，因為我被留在波斯諸王那裏。現在我來，要使你明白你百姓日後必遭遇的事，因為這異象關乎未來的日子。」他向我這樣說，我就臉面朝地，啞口無聲。

看哪，有一位形狀像人的，摸我的嘴唇，我就開口說話，向那站在我面前的說：「我主啊，因這異象使我感到劇痛，毫無氣力。我主的僕人怎能跟我主說話呢？我現在渾身無力，毫無氣息。」

有一位形狀像人的再一次摸我，使我有力量。他說：「蒙愛的人哪，不要懼怕，願你平安！你要剛強！要剛強！」他一對我說話，我就覺得有力量，說：「我主請說，因你使我有力量。」他說：「你知道我為甚麼到你這裏來嗎？現在我要回去與波斯的領袖爭戰，我去了之後，看哪，希臘的領袖必來。但我要將那記錄在真理之書上的話告訴你。除了你們的天使米迦勒之外，沒有人幫助我抵擋他們。」

***

猶大王約雅敬在位的第三年，巴比倫王尼布甲尼撒進攻耶路撒冷，俘虜了約雅敬。巴比倫王從以色列俘虜中挑選一些貴族青年來服侍他，但以理便是其中之一。

這幅插圖描繪的是先知但以理在大河邊收到幻象後的景況。畫中，他的態度簡單適然，右手壓著經卷，表達了深刻的嚴肅性和深思熟慮的冥想。

G. Doré
C. LAPLANTE

在火窯中焚燒的人

但以理書 3 8-27

在那時，有幾個迦勒底人進前來控告猶大人。他們對尼布甲尼撒王說：「願王萬歲！你，王啊，你曾降旨，凡聽見角、號、琴、瑟、三角琴、鼓和各樣樂器聲音的，都當俯伏拜這金像。凡不俯伏下拜的，必扔在烈火的窯中。現在有幾個猶大人，就是王所派管理巴比倫省事務的沙得拉、米煞、亞伯尼歌；王啊，這些人不理你的諭旨，不事奉你的神明，也不拜你所立的金像。」

當時，尼布甲尼撒大發烈怒，命令把沙得拉、米煞、亞伯尼歌帶過來；他們就把這幾個人帶到王面前。尼布甲尼撒對他們說：「沙得拉、米煞、亞伯尼歌，你們不事奉我的神明，不拜我所立的金像，是真的嗎？現在，你們若準備好，一聽見角、號、琴、瑟、三角琴、鼓和各樣樂器的聲音，就俯伏拜我所造的像；若不下拜，必立刻扔在烈火的窯中，有哪一個神明能救你們脫離我的手呢？」

沙得拉、米煞、亞伯尼歌對王說：「尼布甲尼撒啊，這件事我們不必回答你，即便如此，我們所事奉的上帝能將我們從烈火的窯中救出來。王啊，他必救我們脫離你的手；即或不然，王啊，你當知道，我們絕不事奉你的神明，也不拜你所立的金像。」

當時，尼布甲尼撒怒氣填胸，向沙得拉、米煞、亞伯尼歌變了臉色，命令把窯燒熱，比平常熱七倍；又命令他軍中的幾個壯士，把沙得拉、米煞、亞伯尼歌捆起來，扔在烈火的窯中。這三人穿著內袍、外衣、頭巾和其他的衣服，被捆起來扔在烈火的窯中。因為王的命令緊急，窯又非常熱，那抬沙得拉、米煞、亞伯尼歌的人都被火焰燒死。但是這三個人，沙得拉、米煞、亞伯尼歌被捆綁著，掉進烈火的窯中。

那時，尼布甲尼撒王驚奇，急忙站起來，對謀士說：「我們捆起來扔在火裏的不是三個人嗎？」他們回答王說：「王啊，是的。」王說：「看哪，我看見有四個人，並沒有捆綁，在火中行走，也沒有受傷；那第四個的相貌好像神明的兒子。」

於是尼布甲尼撒靠近烈火窯門，說：「至高上帝的僕人沙得拉、米煞、亞伯尼歌，出來，來吧！」沙得拉、米煞、亞伯尼歌就從火中出來。那些總督、欽差、省長和王的謀士一同聚集來看這三個人，見火不能傷他們的身體，頭髮沒有燒焦，衣裳也沒有變色，都沒有火燒過的氣味。

***

但以理為尼布甲尼撒解夢，得到了王的賞賜及重用。尼布甲尼撒造了一座巨大的金像，要求文武百官前來敬拜，但以理和他的三位朋友卻堅持不從。

畫家在這幅插圖中是以遠處俯視的角度來構思的，因此顯得此火窯十分巨大。王和他的謀士正從上方向下觀看，而火窯中的猶太人並未被火吞滅。

G.Doré
H. PISAN

伯沙撒王的宴會

但以理書 5　1，5-17，25-29

伯沙撒王為他的一千大臣擺設盛筵，與這一千人飲酒。

當時，忽然有人的指頭出現，在燈臺對面王宮粉刷的牆上寫字。王看見寫字的指頭，就變了臉色，心意驚惶，腰骨好像脫節，雙膝彼此相碰，大聲吩咐將巫師、迦勒底人和觀兆的領進來。王對巴比倫的智慧人說：「誰能讀這文字，並且向我講解它的意思，他必身穿紫袍，項帶金鏈，在我國中位列第三。」於是王所有的智慧人都進前來，他們卻不能讀那文字，也不能為王講解它的意思。伯沙撒王就甚驚惶，臉色改變，他的大臣也都困惑。

太后因王和他大臣所說的話，就進入宴會廳，說：「願王萬歲！你的心不要驚惶，臉不要變色。在你國中有一人，他裏頭有神聖神明的靈，你父在世的日子，這人心中光明，又有聰明智慧，好像神明的智慧。你父尼布甲尼撒王，就是王的父，曾立他為術士、巫師、迦勒底人和觀兆者的領袖，都因他有美好的靈性，又有知識聰明，能解夢，釋謎語，解疑惑。這人名叫但以理，尼布甲尼撒王又稱他為伯提沙撒，現在可以召他來，他必解明這意思。」

於是但以理被領到王面前。王問但以理說：「你就是我父王從猶大帶來、被擄的猶大人但以理嗎？我聽說你裏頭有神明的靈，心中有光，又有聰明和高超的智慧。現在智慧人和巫師都被帶到我面前，要叫他們讀這文字，為我講解它的意思；無奈他們都不能講解它的意思。我聽說你能講解，能解疑惑；現在你若能讀這文字，為我講解它的意思，就必身穿紫袍，項戴金鏈，在我國中位列第三。」

但以理回答王說：「你的禮物可以歸你自己，你的賞賜可以歸給別人；我卻要為王讀這文字，講解它的意思。

「所寫的文字是：『彌尼，彌尼，提客勒，烏法珥新。』解釋是這樣：彌尼就是上帝數算你國的年日到此完畢。提客勒就是你被秤在天平上，秤出你的虧欠來。毗勒斯就是你的國要分裂，歸給瑪代人和波斯人。」於是伯沙撒下令，人就把紫袍給但以理穿上，把金鏈給他戴在頸項上，又傳令使他在國中位列第三。

***

尼布甲尼撒的結局應驗了上帝在其夢中的預言，之後的國王伯沙撒卻沒因此記取教訓。

插圖描繪了包括但以理及王的所有人聚集在一個莊嚴大廳中，以亞述建築的著名特徵（如人面獸身浮雕等壁畫）為標誌。客人們驚奇地注視著右上方那個神秘的資訊，其周圍有一股光線照射在大廳上，先知但以理正伸出手來解釋它的莊嚴旨意。

但以理在獅子坑中

但以理書 6 6-24

於是，總長和總督紛紛聚集來見王，說：「大流士王萬歲！國中的總長、欽差、總督、謀士和省長彼此商議，求王下旨，立一條禁令，三十天之內，不拘何人，若在王以外，或向神明或向人求甚麼，就必扔在獅子坑中。王啊，現在求你立這禁令，在這文件上簽署，使它不能更改；照瑪代人和波斯人的例，絕不更動。」於是大流士王在這禁令的文件上簽署。但以理知道這文件已經簽署，就進自己的家，他家樓上的窗戶開向耶路撒冷。他一天三次，雙膝跪著，在他的上帝面前禱告感謝，像平常一樣。

於是，那些人紛紛聚集，發現但以理在他上帝面前祈禱懇求。他們就進到王面前，向王提及禁令，說：「三十天之內不拘何人，若在王以外，或向神明或向人求甚麼，必被扔在獅子坑中，王不是在這禁令上簽署了嗎？」王回答說：「確有這事，照瑪代人和波斯人的例是不可更改的。」他們對王說：「王啊，那被擄的猶大人但以理不理會你，也不遵守你簽署的禁令，竟一天三次祈禱。」王聽見這話，就甚愁煩，一心要救但以理，直到日落的時候，他還在籌劃解救他。那些人就紛紛聚集到王那裏，對王說：「王啊，當知道瑪代人和波斯人有例，凡王所立的禁令和律例都不可更改。」

於是王下令，人就把但以理帶來，扔在獅子坑中。王對但以理說：「你經常事奉的上帝，他必拯救你。」有人搬來一塊石頭放在坑口，王用自己的璽和大臣的印，封閉那坑，使懲辦但以理的事絕不更改。王回到宮裏，終夜禁食，不讓人帶樂器到他面前，他也失眠了。

次日黎明，王起來，急忙往獅子坑那裏去，臨近坑邊，哀聲呼叫但以理。王對但以理說：「永生上帝的僕人但以理啊，你經常事奉的上帝能救你脫離獅子嗎？」但以理對王說：「願王萬歲！我的上帝差遣使者封住獅子的口，叫獅子不傷我，因我在上帝面前無辜。王啊，在你面前我也沒有做過任何虧損的事。」王因此就甚喜樂，吩咐把但以理從坑裏拉上來。於是但以理從坑裏被拉上來，身上毫無損傷，因為他信靠他的上帝。王下令，把那些控告但以理的人和他們的妻子兒女都帶來，扔在獅子坑中。他們還沒有到坑底，獅子就制伏他們，咬碎他們的骨頭。

***

伯沙撒在宴會當晚被殺，由大流士奪取了政權。大流士委派但以理管理整個帝國，也因此招來其他人的忌妒，設下計謀殺害他。大流士親眼見證了獅子坑的奇蹟後，下令所有臣民都應敬畏、尊崇但以理的上帝。

這裏所呈現的是一項奇蹟，被丟入獅坑中的但以理凜然而立，身旁的獅群環繞著他，卻感覺馴服無害，甚至但以理的一隻手還撫在一頭獅子的頭上，一道光由上而下地照耀著他。

四獸的異象

但以理書 7 1-8

巴比倫王伯沙撒元年，但以理在床上做夢，腦中看見異象，就記錄這夢，述說其中的大意。但以理說：

我在夜間的異象中觀看，看哪，天上有四風，突然颳在大海之上。有四隻巨獸從海裏上來，牠們各不相同：頭一個像獅子，有鷹的翅膀；我正觀看的時候，牠的翅膀被拔去，牠從地上被扶起來，用兩腳站立，像人一樣，還給了牠人的心。看哪，另有一獸如熊，就是第二獸，半身側立，口裏的牙齒中有三根獠牙。有人吩咐這獸說：「起來，吞吃許多的肉。」其後，我觀看，看哪，另有一獸如豹，背上有四個鳥的翅膀；這獸有四個頭，還給了牠權柄。其後，我在夜間的異象中觀看，看哪，第四獸可怕可懼，極其強壯，有大鐵牙，吞吃嚼碎，剩下的用腳踐踏。這獸與前面所有的獸不同，牠有十隻角。我正思考這些角的時候，看哪，其中又長出另一隻小角；先前的角中有三隻角在它面前連根被拔出。看哪，這角有眼，像人的眼，有口說誇大的話。

***

但以理夢見異象後，侍從向他解釋，四獸代表世上將興起的四個帝國，但上帝的子民會接管各國的大權，直到永遠。

插圖畫出但以理於夢中見四異獸的場景，詭異的怪獸從海上緩緩靠近，每隻都猙獰恐怖，但以理站在海邊的岩石上，似乎有點站不住地扶著一旁的礁岩。

先知阿摩司

阿摩司書1 1-15

這是猶大王烏西雅在位與約阿施的兒子以色列王耶羅波安在位的時候，大地震前二年，從提哥亞來的牧人阿摩司所見的——他的話論到以色列。

他說：「耶和華必從錫安吼叫，從耶路撒冷出聲；牧人的草場哀傷，迦密的山頂枯乾。」

耶和華如此說：「大馬士革三番四次犯罪，以鐵的打穀機擊打基列，我必不撤銷對它的懲罰。我要降火在哈薛的王宮，吞滅便・哈達的宮殿；我要折斷大馬士革的門閂，剪除亞文平原的居民和伯・伊甸的掌權者，亞蘭人必被擄到吉珥。」這是耶和華說的。

耶和華如此說：「迦薩三番四次犯罪，擄掠全體百姓交給以東，我必不撤銷對它的懲罰。我要降火在迦薩城內，吞滅它的宮殿；我要剪除亞實突的居民和亞實基倫的掌權者，反手攻擊以革倫，剩餘的非利士人都必滅亡。」這是主耶和華說的。

耶和華如此說：「推羅三番四次犯罪，將全體百姓交給以東，不顧念弟兄的盟約，我必不撤銷對它的懲罰，我要降火在推羅城內，吞滅它的宮殿。」

耶和華如此說：「以東三番四次犯罪，怒氣不停發作，永遠懷著憤怒，拿刀追趕兄弟，絲毫不存憐憫，我必不撤銷對它的懲罰。我要降火在提幔，吞滅波斯拉的宮殿。」

耶和華如此說：「亞捫人三番四次犯罪，剖開基列的孕婦，擴張自己的疆界，我必不撤銷對它的懲罰。我要在戰爭吶喊的日子，在旋風狂吹時，在拉巴城內放火，吞滅它的宮殿；他們的君王和官長必一同被擄。」這是耶和華說的。

***

阿摩司是希伯來最早的先知之一，年輕時住在提哥亞，是一個牧人。這幅插圖畫了阿摩司倚在手杖上，正沉思陶醉中，在燦爛的天空下，他的身體彷佛得到了解脫。除了左邊那群矮小的仙人掌，他周圍的一切都是荒涼的，而遠處則隱約地勾勒出一座城市的城牆和塔樓的輪廓。

被大魚吞下的約拿

約拿書1 10-17，2 1-10

那些人就大大懼怕，對他說：「你做的是甚麼事呢？」原來他們已經知道他在躲避耶和華，因為他告訴了他們。

海浪愈來愈洶湧，他們就問他說：「我們當向你做甚麼，才能使海浪平靜呢？」他對他們說：「你們把我抬起來，拋進海裏，海就會平靜了；我知道你們遭遇這大風浪是因我的緣故。」然而那些人竭力划槳，想要把船靠回陸地，卻是不能；因風浪愈來愈大，撲向他們。於是他們求告耶和華說：「耶和華啊，求求你不要因這人的性命使我們滅亡，不要使流無辜人血的罪歸給我們；因為你－耶和華隨自己的旨意行事。」他們把約拿抬起來，拋進海裏，海的狂浪就平息了。那些人就大大懼怕耶和華，向耶和華獻祭許願。

耶和華安排一條大魚吞下約拿，約拿在魚腹中三日三夜。

約拿在魚腹中向耶和華－他的上帝禱告，說：

「我在患難中求告耶和華，他就應允我；我從陰間的深處呼求，你就俯聽我的聲音。你將我投下深淵，直到海心；大水環繞我，你的波浪洪濤漫過我身。我說：『我從你眼前被驅逐，然而我仍要仰望你的聖殿。』眾水環繞我，幾乎淹沒我；深淵圍住我；海草纏繞我的頭。我下沉到山的根基，地的門閂將我永遠關住。耶和華－我的上帝啊，你卻將我的性命從地府裏救出來。我心靈發昏時，就想起耶和華。我的禱告進入你的聖殿，達到你面前。那信奉虛無神明的人，丟棄自己的慈愛；但我要以感謝的聲音向你獻祭。我所許的願，我必償還。救恩出於耶和華。」

耶和華吩咐那魚，魚就把約拿吐在陸地上。

***

上帝向約拿顯現，呼召他前往尼尼微城勸眾人悔改。約拿想逃避上帝的呼召，於是往相反的方向走，最後搭上一艘前往他施的船。上帝使海上颳起大風，狂風巨浪襲擊那條船，船幾乎被擊破。

逃離躲避耶和華的先知約拿，被大魚吞下肚裏，之後在大魚肚中向耶和華懺悔，才被魚吐出。畫家在此畫出剛被魚吐出，趴伏在岩岸邊的約拿。

Jonnard.

約拿叫尼尼微悔改

約拿書 3 1-10

耶和華的話第二次臨到約拿，說：「起來，到尼尼微大城去，把我告訴你的信息向其中的居民宣告。」約拿就照耶和華的話起來，到尼尼微去。

尼尼微是一座極大的城，約有三天的路程。約拿進城，走了一天，宣告說：「再過四十天，尼尼微要傾覆了！」尼尼微人就信服上帝，宣告禁食，從最大的到最小的都穿上麻衣。

這消息傳到尼尼微王那裏，他就從寶座起來，脫下朝服，披上麻布，坐在灰中。

他叫人通告尼尼微全城，說:「王和大臣有令，人、畜、牛、羊都不可嘗任何東西，不可吃，也不可喝水。人與牲畜都要披上麻布，切切求告上帝。各人要回轉離開惡道，離棄自己掌中的殘暴。誰知道上帝也許會回心轉意，不發烈怒，使我們不致滅亡。」

上帝察看他們的行為，見他們離開惡道，上帝就改變心意，原先所說要降與他們的災難，他不降了。

***

畫家刻畫了先知約拿在一個混雜的人群前講話，這些人懷著敬畏和明顯的悔恨聽著。而約拿的前方壁面上是一頭長著翅膀的人頭獸身像，身後則是一堆高聳的建築物，上面有雕刻精美的柱廊，說明了尼尼微確實是一座大城。

先知彌迦

彌迦書 1 1-9

當猶大王約坦、亞哈斯、希西家在位的時候，耶和華的話臨到摩利沙人彌迦，他見到有關撒瑪利亞和耶路撒冷的異象。

他唱出了哀歌：

萬民哪，你們都要聽！地和其上所有的，要留心聽！主耶和華要從他的聖殿指證你們的不是。

看哪，耶和華從他的居所出來，降臨步行地之高處。眾山在他底下熔化，諸谷崩裂，如蠟熔在火中，如水沖下山坡。

這都是因雅各的罪過，因以色列家的罪惡。雅各的罪過在哪裏呢？豈不是在撒瑪利亞嗎？猶大的丘壇在哪裏呢？豈不是在耶路撒冷嗎？

因此，我必使撒瑪利亞變為田野的廢墟，用以栽植葡萄；我必把它的石頭倒在山谷，掀開它的地基。城裏一切雕刻的偶像必被打碎，行淫的賞金全被火燒，我要毀滅它的一切偶像；因為從妓女的賞金積聚而來的，它們仍歸為妓女的賞金。

為此我要大聲哀號，赤身赤腳行走；我要呼號如野狗，哀鳴如鴕鳥。因為撒瑪利亞的創傷無法醫治，蔓延到猶大，到了我百姓的城門，直達耶路撒冷。

***

彌迦是與以賽亞約同期的先知，他預言了以色列及猶大人的覆亡。文中「雅各的罪過、以色列家的罪惡」同義，指的均是北朝以色列。

在這幅插畫裏，彌迦在廣場高台上為眾人宣揚了耶和華的話，只見他沉穩地高揚雙手，向眾人述說著，旁聽的人群無不凝思傾聽。

馬的異象

撒迦利亞書 1 7-17

大流士第二年十一月，就是細罷特月二十四日，耶和華的話臨到易多的孫子，比利家的兒子撒迦利亞先知，說：「我夜間觀看，看哪，有一人騎著紅馬，站在窪地的番石榴樹中間。在他身後有紅色、褐色和白色的馬。」我說：「主啊，這是甚麼意思？」與我說話的天使說：「我要指示你這是甚麼意思。」那站在番石榴樹中間的人回答說：「這是奉耶和華差遣，在遍地巡邏的。」他們對站在番石榴樹中間耶和華的使者說：「我們在遍地巡邏，看哪，全地都安息平靜。」

於是，耶和華的使者說：「萬軍之耶和華啊，你惱恨耶路撒冷和猶大的城鎮已經七十年了，你不施憐憫要到幾時呢？」耶和華就用美善的話和安慰的話回答那與我說話的天使。

與我說話的天使對我說：「你要宣告，萬軍之耶和華如此說：我為耶路撒冷而妒忌，為錫安大大妒忌。我非常惱怒那享安逸的列國，因我從前稍微惱怒，他們就越發加害。所以耶和華如此說：現在我回到耶路撒冷，仍要施憐憫，我的殿要重建在其中，準繩必拉在耶路撒冷之上。這是萬軍之耶和華說的。你要再宣告，萬軍之耶和華如此說：我的城鎮要再度繁榮發達。耶和華必再安慰錫安，揀選耶路撒冷。」

***

這是以色列人回歸後，先知撒迦利亞以異象之說呼籲重建聖殿。畫裏是上帝所述說群馬奔馳而至的景象，但在這裏，畫家以天使駕馭馬車的形式呈現，突顯了氣勢非凡的磅礡場面。

上帝說：
要有光，就有了光。

創世記 1：3

Image 01

Image 01